Arbeitsordner
Sprache • Lesen
4

von
Helge Daugs
Melanie Ferrarello
Gerlinde Freyer
Katja Gade
Martin Wörner

illustriert von Eva Czerwenka, Christian Jeremies,
Fabian Jeremies, Tobias Krejtschi, Katrina Lange,
Yo Rühmer, Vera Schmidt

Cornelsen

Inhaltsverzeichnis

 Schreibe ins Heft oder
auf ein neues Blatt.

 Partneraufgabe

 Wahlaufgabe

 Benutze dein Wörterbuch als Hilfe.

 Die Aufgabe fand ich leicht.

 Die Aufgabe fand ich mittelschwer.

Die Aufgabe fand ich schwer.

Kinder dieser Welt

Wenn die Welt ein Dorf wäre

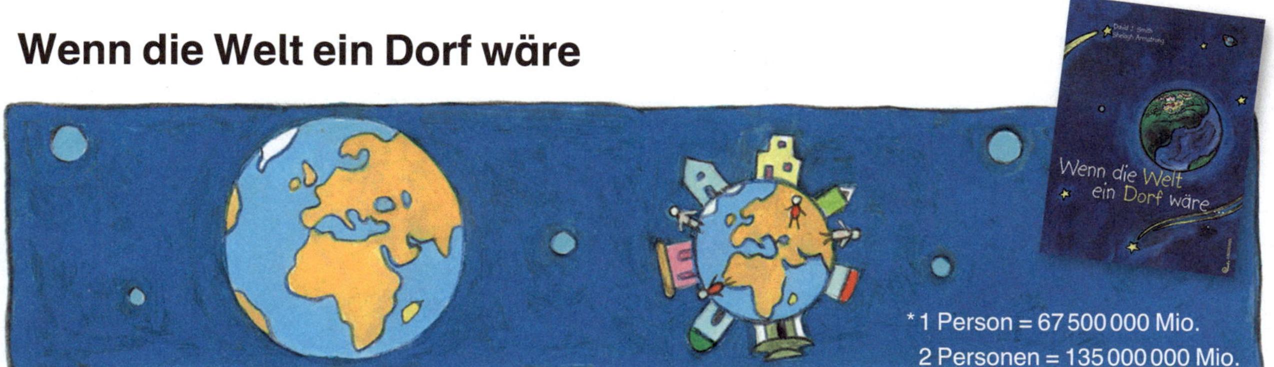

Text 1: Die Erde ist schon jetzt voller Menschen, und es werden jeden Augenblick mehr. Im Jahr 2009 lebten 6 Milliarden und 750 Millionen Menschen auf der
5 Erde – das sind 6 750 000 000.
In 32 Staaten lag die Bevölkerung über 40 Millionen (40 000 000). 11 Staaten hatten mehr als 100 Millionen (100 000 000) Einwohner. China hatte
10 eine Milliarde und 300 Millionen (1 300 000 000) Einwohner.
Riesige Zahlen wie diese sind schwer zu verstehen. Aber angenommen, wir würden uns die ganze Weltbevölkerung als Dorf
15 mit 100 Bewohnern vorstellen? In diesem Dorf würde jede Person ungefähr 67,5 Millionen (67 500 000) Menschen aus der tatsächlichen Welt repräsentieren*.

Text 2: Welche Sprachen werden im
20 Weltdorf gesprochen? In unserem Dorf gibt es fast 6 000 verschiedene Sprachen, aber mehr als die Hälfte der Bevölkerung spricht eine der folgenden acht:
22 sprechen einen chinesischen Dialekt –
25 von diesen sprechen 18 Mandarin.
9 sprechen Englisch, 9 sprechen Hindi,
7 sprechen Spanisch, 4 sprechen Arabisch, 4 sprechen Bengalisch,
3 sprechen Portugiesisch, 3 sprechen
30 Russisch.
Könntest du in diesen 8 Sprachen „hallo" sagen, dann könntest du mehr als die Hälfte der Menschen in unserem Dorf begrüßen.

a) Wie viele Menschen lebten im Jahr 2009 auf der Erde?

b) Wie viele Einwohner hatte China?

c) Für wie viele Menschen in der tatsächlichen Welt steht ein Dorfbewohner?

d) Welche acht Sprachen spricht mehr als die Hälfte der Dorfbewohner?

1 Beantworte die Fragen und markiere im Text die Antwort.

 Findet eine Erklärung, warum die Sprache Deutsch nicht bei diesen acht Sprachen dabei ist.

Die Weltreise einer Fleeceweste

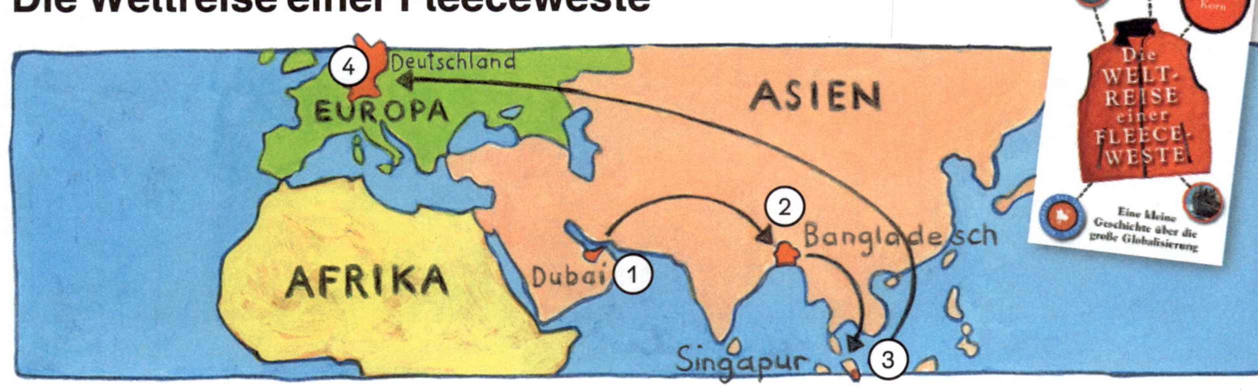

1 Sieh dir die Abbildung an. Welchen Weg nimmt die Fleeceweste,
bis sie nach Deutschland kommt?

Bangladesch, 23.05 Uhr. Seit 16 Stunden
sind Taslima und ihre Kolleginnen un-
unterbrochen am Nähen. Nur die Mittags-
pause hatten sie heute. Der Stand:
5 889 Westen sind fertig. Seit mehreren
Stunden muss Taslima dringend auf die
Toilette. Doch seit 20 Uhr lässt der Auf-
seher keine Frau mehr hinaus.
Stattdessen schimpft er die ganze Zeit:
10 „Ihr Nichtsnutze seid ja lahmer als jede
Schnecke." 1.10 Uhr. Die Fleecestoffe
sind aufgebraucht. Nur noch kleine Fetzen
liegen auf den Zuschneidetischen.
Taslima hält das nicht mehr aus. Sie steht
15 auf, läuft durch die Gänge und sucht
überall nach brauchbarem Fleecestoff.

Dann sieht Taslima an eine Wandnische
gelehnt den kleinen Ballen mit knallrotem
Fleece. „Hierher! Hier ist noch etwas!"
20 Sie schleift den Ballen aus der Ecke.
„Das ist doch knallrot!", schimpft ein
Zuschneider. „Ja und! Sicherlich gefällt
die Farbe einigen Deutschen!"

Also nehmen sie einfach den knallroten
25 Fleecestoff. Tack, tack, tack, tack ... Im
Nu sind elf knallrote Westen entstanden.
Kaum hat meine Fleeceweste das Licht
der Welt erblickt, wird sie mit anderen
Westen in einen Pappkarton gequetscht.

Wolfgang Korn

a) In welchem Land arbeitet Taslima? _______________________________________

b) Wann haben die Frauen ungefähr angefangen zu arbeiten? ___________________

c) Wie viele Fleecewesten stellen die Frauen an diesem Tag her? ________________

d) Wie heißt die nächste Station der Fleeceweste? ____________________________

2 Beantworte die Fragen und markiere die Antwort im Text oder in der Karte.

Manchmal
du rech

Informationen aus Texten verknüpfen /
Fragen beantworten → S. 145, 152

8

Rechte für Kinder – Bildung

Die Vertragsstaaten erkennen das **Recht des Kindes auf Bildung** an. Sie werden insbesondere den Besuch der Schule für alle zur Pflicht und unentgeltlich machen.

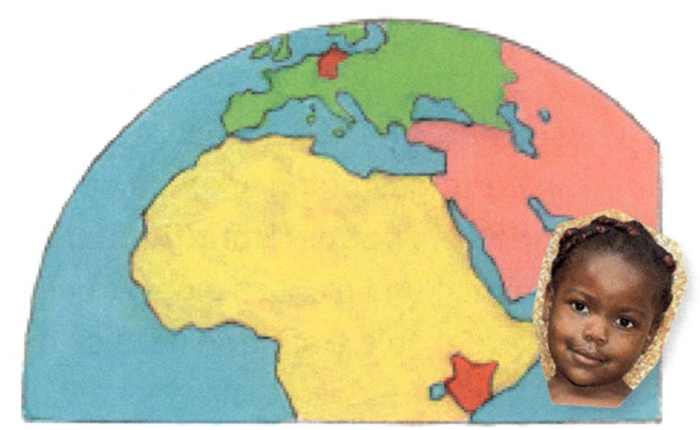

Kenia

In der Klasse von Maureen Akinyi, 11 Jahre, ist es sehr eng. Alle müssen zusammenrücken und sich die knappen Sitzgelegenheiten teilen. Trotzdem ist Maureen froh, überhaupt zur Schule gehen zu können. Das war in Maureens Wohnort Kibera lange Zeit eher die Ausnahme. Kibera gehört zu Kenias Hauptstadt Nairobi. Dank einer Entscheidung der Regierung bekommen jetzt hier die meisten Jungen und Mädchen regelmäßig Unterricht. Die Politiker beschlossen im Jahr 2003, dass die ersten acht Schuljahre künftig für alle kostenlos sein sollen. Ein toller Fortschritt: Inzwischen gibt es rund 1,3 Millionen Schulkinder mehr im Land als vorher.

1 Lies den Text. Notiere die markierten Stichwörter.

2 Wie wird Artikel 28 in Kenia umgesetzt? Schreibe mit eigenen Worten auf. Nutze die Stichwörter.

Wie wird Artikel 28 in Deutschland umgesetzt? Sprecht darüber.

Wichtige Aussagen im Text erfassen und mit eigenen Worten wiedergeben

Rechte für Kinder – Schutz vor Ausbeutung

Artikel 32:
Die Vertragsstaaten erkennen das **Recht des Kindes** an, **vor wirtschaftlicher Ausbeutung** geschützt und nicht zu einer Arbeit herangezogen zu werden, die Gefahren mit sich bringt.

Deutschland

Tobias (13 Jahre) hat ein teures Hobby: Er spielt und telefoniert leidenschaftlich gern mit seinem neuen Smartphone. Die Kosten wollen die Eltern nicht alleine zahlen. Deshalb hat Tobias einen Job angenommen. Zweimal in der Woche trägt er Zeitungen aus. Mit dem Geld, das er dabei verdient, beteiligt er sich an den Kosten für sein Hobby. Tobias darf nach deutschem Recht arbeiten. Allerdings nur zwei Stunden am Tag, und auch nur dann, wenn die Schule nicht darunter leidet. Das Jugendarbeitsschutzgesetz regelt genau, ab welchem Alter und wie viele Stunden Kinder täglich arbeiten dürfen. Das Gewerbeaufsichtsamt kontrolliert, ob dieses Gesetz auch wirklich befolgt wird.

1 Lies den Text. Notiere die markierten Stichwörter.

2 Wie wird Artikel 32 in Deutschland umgesetzt? Schreibe es mit eigenen Worten auf. Nutze die Stichwörter.

Wie ist eure Meinung zum Thema Kinderarbeit? Sprecht darüber.

Meine Oma lebt in Afrika

„Eh, Flo, wir sind im Regenwald, im Urwald!", rufe ich.

„Glaub ich auch", sagt Flo.

Schimmert da nicht Wasser durch die Pflanzen? Dunkles Wasser?

Ganz plötzlich stehen wir mitten im Wald vor einem See.

5 Doch Oma sagt, das sei ein Fluss, der hier eine Biegung mache.

Wir müssten auf ein Boot warten, das uns zum anderen Ufer brächte.

Wir setzen uns auf einen umgestürzten Baumstamm nah am Ufer.

Um uns herum tropft, gluckert, piepst und knackt es.

Wir schauen über uns in die hohen Bäume.

10 Sie sind mit Moos und seltsamen Farnkräutern bewachsen.

Aber könnte da nicht ein wildes Tier in den Ästen herumspringen

oder auf uns lauern?

Könnte da nicht eine wilde Affenhorde angeturnt kommen

und ganz grässlich schreien wie im Dschungelbuch?

15 Oder die Schlange Kaa?

Annelies Schwarz

1 Wie könnte die Geschichte weitergehen? Wähle ein Bild aus und kreuze an.

2 Notiere passende Stichwörter zu dem gewählten Bild.

3 Schreibe die Geschichte weiter. Nutze dabei deine Notizen.

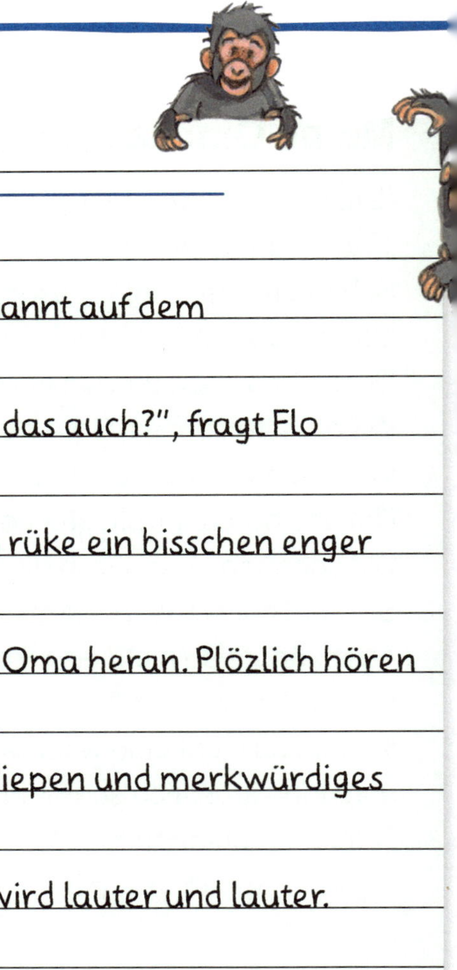

Flo und ich setzen uns zu Oma. Sie sitzt ganz entspannt auf dem

Baumstumpf. Oma macht die Augen zu. „Hörst du das auch?", fragt Flo
ängstlich
~~ängstlig~~. Die Geräusche kommen immer näher. Ich rüke ein bisschen enger

an Oma heran. Auch Flo rutscht immer dichter an Oma heran. Plözlich hören

wir noch mer unheimliche Geräusche: seltsames Piepen und merkwürdiges

Rascheln. Es kommt immer näher und näher und wird lauter und lauter.

Was ist das? Und dann berührt mich etwas – es ist haarig und richt komisch.[1]

Und dann fängt Oma an zu lachen.[1] Und dann höre ich auch Flo kichern.[1, 2]

Puh – mir fellt ein Stein vom Herzen. Das ist ja noch mal gut gegangen.

1 Lest die Fortsetzung der Geschichte gemeinsam.

2 Überarbeitet die Geschichte in einer Schreibkonferenz.
a) Findet noch fünf Rechtschreibfehler.
b) In Sätzen mit [1] wiederholen sich Satzanfänge.
   Findet abwechslungsreiche Wörter.
c) An der Stelle [2] fehlt etwas, die Geschichte ist so nicht verständlich.
   Sammelt Vorschläge, welcher Satz noch dazu passen würde, und schreibt ihn auf.
d) Ergänzt die fehlende Überschrift.

  In einer Schreibkonferenz über einen Text beraten
und ihn gemeinsam überarbeiten → S. 156, 157, 158

Darumas – japanische Wunschpuppen

Diese **Puppen** gibt es in verschiedenen **Ausführungen**. Sie sind alle klein und dick und haben weder **Arme** noch **Beine**. Meistens besteht ein **Daruma** aus **Pappmaschee**. Darin befindet sich ein **Gewicht**, damit er nicht umfällt. So soll dieser **Glücksbringer Mut** machen, sich immer wieder aufzurichten. Auf der **Figur** stehen die japanischen **Schriftzeichen** „Glück" und „**Erfolg**". Wenn man sich etwas wünscht, zeichnet man seiner **Puppe** ein offenes **Auge**. Wenn der **Wunsch** in **Erfüllung** geht, malt man dem **Daruma** das fehlende **Auge** auf.

Nomen: ____

____

____

____

1 Schreibe aus dem Text mindestens zehn **Nomen** mit Artikel auf.

Verben: ____

____

____

Adjektive: ____

____

Pronomen: ____

2 Markiere im Text **Verben**, **Adjektive** und **Pronomen** in verschiedenen Farben. Schreibe deine markierten Wörter zu den richtigen Wortarten.

Nomen	Verben	Adjektive

3 Lege eine Wortartentabelle an. Finde mindestens fünf Nomen, Verben und Adjektive. 

Wortarten unterscheiden, Abschreibstrategien anwenden

Die Kinderrechte

Jedes Kind, ungeachtet seiner Hautfarbe,
seines Geschlechts, seiner Religion und seiner Herkunft, **hat das Recht auf …**

- Zuneigung, Liebe, Verständnis und Sicherheit.
- ein Zusammenleben mit seinen Eltern.
- Schutz vor schlechter Behandlung und Ausnutzung jeder Art.
- ausreichende Ernährung und medizinische Versorgung.
- angemessene Lebensbedingungen.
- kostenlose Schulbildung.
- Erholung, Freizeit und Spiel.
- Schutz vor Arbeiten, die seine körperliche und geistige Gesundheit gefährden.
- Entfaltung der Persönlichkeit.

1 Markiere im Text die Nomen mit dem Wortbaustein **-heit**, **-keit**, **-nis** und **-ung**.

die Zuneigung,

____

____

____

____

2 Schreibe diese Nomen mit Artikel auf.

geschickt   üben   gesund   verletzen   geheim   kleiden   hindern

die Geschicklichkeit,

____

____

3 Bilde aus den Adjektiven und Verben Nomen mit den Wortbausteinen **-heit**, **-keit**, **-nis**, **-ung**. Schreibe sie mit passendem Artikel auf.
Markiere den Wortbaustein, der das Wort zum Nomen macht.

Es gibt auch Nomen mit den Wortbausteinen **-schaft** und **-tum**, z. B. Freundschaft und Reichtum. Finde im Wörterbuch weitere Nomen mit diesen Wortbausteinen.

Nomen mit den Wortbausteinen -heit, -keit, -nis, -ung erkennen /
aus Verben und Adjektiven Nomen bilden   → S. 165

Eine Ente geht auf Reisen

Liebe Klasse 4 c,

ich heiße Susan McAuliffe und habe __________ Ente

bei mir aufgenommen. Mir gefällt __________ Idee sehr gut.

In Washington ist gerade Herbst wie bei __________

in Deutschland.

Ich würde mich sehr freuen, wenn ich Antwort von

__________ bekäme.

Liebe Grüße an alle Kinder und an __________ Lehrerin.

Yours, Susan McAuliffe.

1 Setze die Anredepronomen ein.

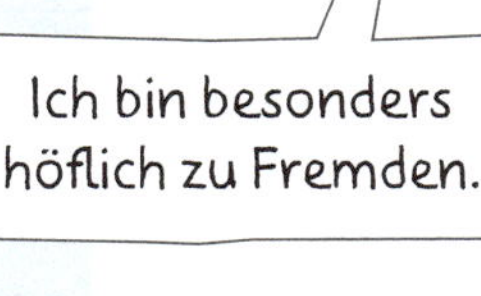

Liebe Mrs McAuliffe,

vielen Dank für __________ Postkarte.

Wir freuen uns sehr, dass __________ uns geantwortet haben.

Haben __________ Columbus schon weitergeschickt?

Viele liebe Grüße von __________ Klasse 4 c.

2 Vervollständige die Antwort der Klasse 4 c.

Columbus reist weiter. Schreibe einen Brief aus einem Land deiner Wahl an die Klasse 4 c oder an die Lehrerin.

Anredepronomen kennen und in der Schreibweise unterscheiden

Abschreiben wie ein Profi

das Alphabet	_______________	_______________
die Demokratie	_______________	_______________
das Experiment	_______________	_______________
die Explosion	_______________	_______________
das Lexikon	_______________	_______________
der Rhythmus	_______________	_______________
das Thermometer	_______________	_______________

1 Markiere schwierige Stellen in den Wörtern.
Schreibe die Wörter auf und kontrolliere.

Konvention: Vertrag, der zwischen mehr als zwei Ländern abgeschlossen wird

____

____

Parlament: Ort, an dem die gewählten Vertreter des Volkes neue Gesetze beschließen

____

____

Vereinte Nationen (United Nations, UN): Eine Organisation, in der Vertreter fast aller
Staaten der Erde gemeinsam für den Frieden arbeiten

____

____

____

2 Lies die Sätze. Markiere die schwierigen Stellen in den Wörtern.
Schreibe die Sätze richtig ab und kontrolliere nach dem Abschreiben.

Wortarten

Liebe Klasse 4 c,
hier in Indien, meiner ersten **Station**, ist **es** ganz schön **warm** und
sehr **laut**. Auf den **Straßen fahren** viele Autos, **sie hupen** oft und **schrill**.
Überall **hört** man **Musik** und redende Menschen.
Bis bald, euer Columbus.

Nomen	Verben	Adjektive	Pronomen
Station			

Wortarten zu markieren und zuzuordnen ist für mich

1 Ordne die grünen Wörter in die Wortartentabelle ein.

____ | 10

Nomen mit -heit, -keit, -nis, -ung

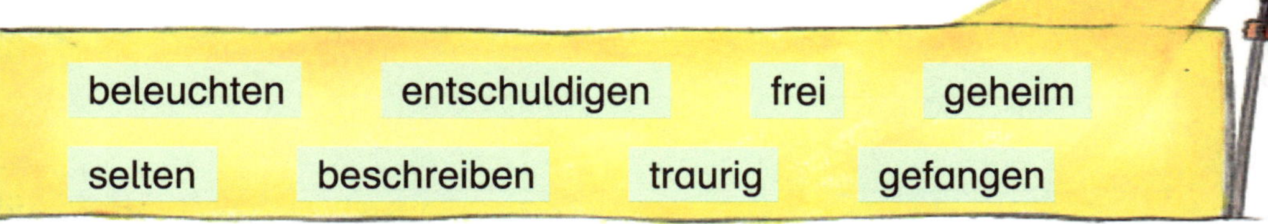

die Seltenheit,

Aus Adjektiven und Verben Nomen mit -heit, -keit, -nis, -ung zu bilden fällt mir

2 Bilde noch sieben sinnvolle Nomen. Schreibe sie mit Artikel auf.

____ | 7

das Ereignis – die Ereignisse

das Geheimnis – ________________________

das Hindernis – ________________________

Die Mehrzahl dieser Nomen zu bilden fällt mir

3 Bilde zu diesen Nomen die Mehrzahl.
Markiere die Änderung im Wortbaustein.

____ | 2

Anredepronomen in Briefen

Liebe Frau Möller,

wie geht es *Ihnen* ________ ? Wir hoffen, ____________ ist es nicht zu

langweilig nach ____________ Beinbruch. Leider dürfen ____________

sich ja nicht viel bewegen. Wir wünschen ____________ gute Besserung.

Alles Gute wünscht

____________ Klasse 4 b

Das richtige Anredepronomen zu finden fällt mir  .

1 Setze in den Brief die passenden Anredepronomen ein. ______ | 5

Richtig abschreiben

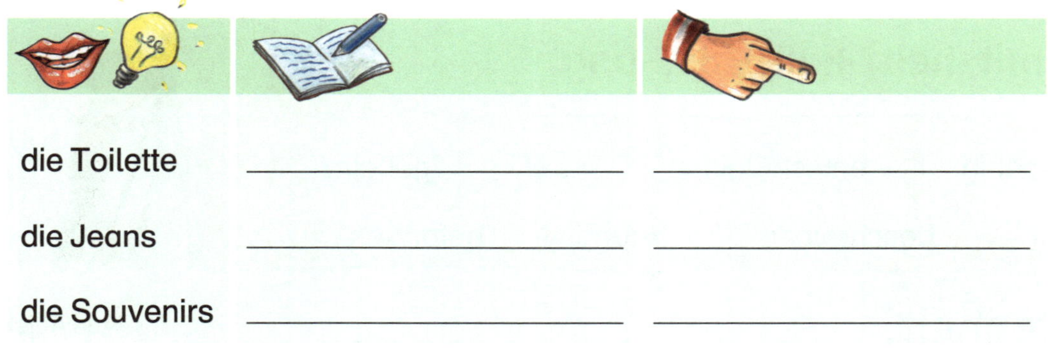

die Toilette	____________________	____________________
die Jeans	____________________	____________________
die Souvenirs	____________________	____________________

Richtig abzuschreiben fällt mir  .

2 Markiere schwierige Stellen in den Wörtern.
Schreibe die Wörter auf und kontrolliere. ______ | 6

Besonders wichtig beim Abschreiben sind die fier schritte.

manchmal vergesse ich zu kontrolieren, dan übersehe ich

Rechtschreibfehler.

Rechtschreibfehler in einem Text zu finden fällt mir  .

3 Finde die fünf Fehler im Text. Streiche die falschen Wörter durch.
Schreibe sie richtig darüber. ______ | 5

Fragen beantworten

Songkran-Fest

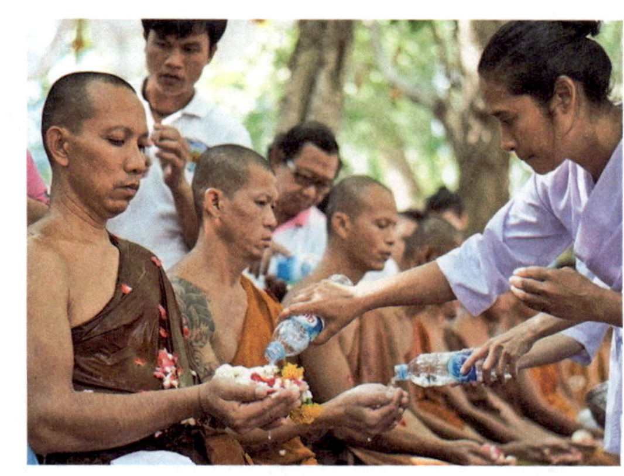

Diese Feier ist das traditionelle Neujahrsfest
in Thailand. Es findet am 13. April statt. Morgens
werden dem Buddha Reis, Früchte und andere
Speisen geopfert. Später am Nachmittag werden
5 die Buddha-Figuren „gebadet", indem sie mit
Wasser begossen werden. In vielen Städten
fahren die Menschen die Buddha-Statuen danach
in einem Umzug durch die Stadt, um auch vielen
Gläubigen die Gelegenheit zu geben, die Statuen mit Wasser zu
10 begießen. Diese Tage gehören in Thailand traditionell ganz der Familie.
So besuchen junge Leute Familienmitglieder der älteren Generation,
um ihnen Respekt zu erweisen. Dazu gießen sie ihnen kleine Mengen
Wasser über die Hände, das sie vorher mit Jasminblüten versetzt haben,
damit es gut riecht. Um genug Zeit für die manchmal weite Reise zur
15 Familie zu haben, ist bis zum 15. April landesweit Urlaub.

a) Wo feiert man das Songkran-Fest?

b) Wann beginnt das Songkran-Fest?

c) Wofür werden Jasminblüten benötigt?

d) Das Songkran-Fest heißt auch Wasserfest. Warum?

____

____

e) Wie heißt ein vergleichbares Fest in Deutschland? _____________

Fragen zu
einem Text zu
beantworten
fällt mir

1 Markiere die Antworten im Text oder schreibe auf.

_____ | 10

Wortarten

GLÜCKLICH	UNGERECHT	FREIHEIT	LACHEN	KIND
FEIERN	RECHT	GESETZ	VERARMT	KLEIN
EINGESPERRT	TANZEN	ARMUT	FISCHEN	JAMMERN

Wortarten
voneinander zu
unterscheiden
fällt mir

2 Markiere **Nomen**, **Verben** und **Adjektive** in jeweils gleicher Farbe.

_____ | 15

→ S. 145, 152

17

Anredepronomen im Brief

Sehr geehrter Herr Präsident,

wir möchten ______________ höflich fragen, weshalb ______________ Land

nicht die Kinderrechtskonvention unterzeichnet hat. Es sollte ______________

doch auch wichtig sein, dass es den Kindern in ______________ Land

möglichst gut geht. Schließlich haben ______________ selbst Kinder.

Herzliche Grüße aus Deutschland,
Amelie

Ihnen

Sie

Ihrem

Ihr

Sie

Anredepronomen zu bilden fällt mir

______ | 5

1 Setze in Amelies Brief die passenden Anredepronomen richtig ein.

Nachschlagen im Wörterbuch

______________ S. ______

______________ S. ______

______________ S. ______

______________ S. ______

______________ S. ______

Wörter im Wörterbuch nachzuschlagen fällt mir

______ | 10

2 Schlage die Fremdwörter im Wörterbuch nach. Notiere die Seitenzahl.

Diese Tipps möchte ich dir geben:

Fragen beantworten

- Passende Antworten auf Fragen findest du sicher.
- Suche Antworten im Text über Stichwörter aus der Frage.
- ______________________________

Wortarten

- Wortarten sind für dich kein Problem.
- Lies in der Grammatiktafel nach.
- ______________________________

Anredepronomen im Brief

- Du wendest die höfliche Anrede sicher an.
- Überlege, was das eingesetzte Wort meint.
- ______________________________

Nachschlagen im Wörterbuch

- Du schlägst sicher nach.
- Denke über eine andere Schreibweise nach.
- ______________________________

Im Wald

Traumberuf Försterin

Ein Interview von Patrick, Klasse 4 c, mit der Försterin Elsa Falkmann

Patrick: Liebe Frau Falkmann, sind Sie als Försterin
den ganzen Tag im Wald beschäftigt?
Frau Falkmann: Ich verbringe viel Zeit in der freien Natur.
Es gibt jedoch auch viele Aufgaben, die ich im Büro zu
erledigen habe, so dass ich nachmittags meistens dort bin.
P.: Gehört Ihnen der ganze Wald?
Frau F.: Der Wald gehört mir nicht, sondern der Stadt.
P.: Welche Aufgaben erledigen Sie?
Frau F.: Ich bin z. B. dafür zuständig, zu überprüfen, welche
Bäume noch gesund sind und welche gefällt werden müssen.
Die, die zu fällen sind, markiere ich mit einem Kreuz.
P.: Diese Kreuze habe ich schon einmal gesehen. Sind all
diese Bäume krank?
Frau F.: Nein. Wir fällen auch gesunde Bäume, damit wir
das Holz verkaufen und Geld verdienen können. Ich sorge
aber dafür, dass neue Bäume angepflanzt werden.

1 Schreibe die markierten Stichwörter in die rechte Spalte.

P.: Kümmern Sie sich nur um die Bäume?
Frau F.: Nein, nicht nur. Als Försterin baue ich auch
Wege im Wald, z. B. Lehrpfade oder Futterkrippen für Tiere.
P.: Was machen Sie am liebsten in Ihrem Beruf als Försterin?
Frau F.: Den meisten Spaß macht es mir, mit Kindern einen
Waldspaziergang zu machen und ihnen die Natur
zu erklären.
P.: Kann jeder Förster oder Försterin werden?
Frau F.: Ja. Allerdings ist es heute notwendig, eine
dreijährige Ausbildung zum Forstwart zu absolvieren.
Wer Forstinspektorin werden möchte, so wie ich
es bin, der muss sogar Forstwirtschaft studieren.
P.: Vielen Dank für das Interview.
Frau F.: Jederzeit gerne. Danke für dein Interesse.

2 Markiere selbst Stichwörter und schreibe sie in die rechte Spalte.
Markiere so wenig Stichwörter wie möglich.

3 Informiere ein anderes Kind anhand deiner Stichwörter über den Försterberuf.

Informationen mithilfe von Stichwörtern
zusammenfassen → S. 148 / 149

Der Wald

Die Bäume im Wald brauchen Wasser, Sonne und Kohlenstoffdioxid, um zu wachsen. Ihre Blätter und Nadeln sind in der Lage, aus der Luft Kohlenstoffdioxid zu filtern und in Nahrung für sich umzuwandeln. Bei dieser Umwandlung entsteht Sauerstoff, der an die Luft abgegeben wird. So werden wir mit dem Sauerstoff versorgt, der für uns lebenswichtig zum Atmen ist. Heutzutage gelangt Kohlenstoffdioxid auch in Form von Autoabgasen oder Ruß in die Luft. Die Bäume des Waldes sind in der Lage, etwas von diesem Kohlenstoffdioxid zu filtern und damit sogar unsere Luft zum Atmen zu reinigen. Gelangen jedoch zu viele Schadstoffe in die Luft, wird der Wald zerstört.

Mit dem Regen gelangen viele der Schadstoffe aus der Luft in den Boden. Ein gesunder Waldboden ist in der Lage, diese Schadstoffe aufzufangen und zurückzuhalten. Die Wurzeln der Bäume sorgen zudem dafür, dass das Regenwasser gebremst wird. So fließt das Wasser nur langsam in tiefere Bodenschichten und wird wie in einem Filter gereinigt. Das saubere Wasser, das schließlich in den Erdboden gelangt, nennt man Grundwasser. Daraus gewinnen wir unser Trinkwasser. Auch Quellen werden mit diesem Wasser versorgt.

Der Wald als Luftfilter   **Der Wald als Wasserfilter**

(1) Ordne die beiden Überschriften den Abschnitten zu.

______________________________   ______________________________

______________________________   ______________________________

______________________________   ______________________________

______________________________   ______________________________

(2) Wähle einen Absatz. Markiere Stichwörter. Schreibe sie auf.

 (3) Erkläre den Absatz einem Partnerkind mithilfe deiner Stichwörter.

Der Sommer der dunklen Schatten

*Robert und seine Eltern fahren durch einen Wald.
An einer Weggabelung wissen sie nicht weiter.
Die Eltern machen sich auf, um je einen der Wege
zu erkunden. Robert will im Auto warten.*

  — Eltern machen sich auf

5 Robert beobachtete, wie sich die Eltern langsam
entfernten, jeder auf einem der beiden Wege.
Nach wenigen Augenblicken schien das fette Grün sie
verschlungen zu haben und er war ganz allein. Nun hatte
sich eine sirrende Dämmerung über die Bäume gesenkt.
10 Ganze Völker von winzigen Insekten schwirrten umher,
Spinnen ließen ihre Fäden von Büschen herabhängen,
Falter taumelten im Blattwerk. Eine zarte Fliege streifte
Roberts Stirn und er wich entsetzt zurück. Er rutschte in die
gegenüberliegende Ecke des Rücksitzes und rollte seine
15 Computerzeitschrift zu einer Schlagröhre zusammen.
Die nächste Fliege, die es wagte, ins Auto zu kommen,
würde er erwischen. Er fixierte den schmalen Fensterspalt.
Die scharfe Linie des getönten Glases hob sich kaum noch
von der Umgebung ab. Sein Herz klopfte wild. Das
20 Schwirren draußen war undurchdringlicher geworden.
Plötzlich verstummten alle Geräusche. Und dann
passierte es. Aber es war keine Stechmücke und auch kein
Nachtfalter, der sich taumelnd dem Fensterspalt näherte.
Und nicht einmal eine haarige Spinne, die gemächlich
25 die Scheibe hinaufkroch.

Hilke Rosenboom

1 Schreibe die markierten Stichwörter
in die rechte Spalte.

Robert allein im Wald

Die Dämmerung im Wald

Die Insekten im Wald

2 Wähle für diesen Textabschnitt eine passende Überschrift. Schreibe sie auf.

Textinhalte mithilfe von Stichwörtern und Überschriften
zusammenfassen und wiedergeben → S. 147

Ein Schatten löste sich aus dem Dunkel und schoss
geradewegs auf Robert zu, in messerscharfem Flug durch
den Fensterspalt, so als wäre Robert nicht geborgen im
schützenden Innenraum des Autos, sondern als säße er

30 ganz allein mitten im Wald. Seine Kehle zog sich zu einem
Schrei zusammen, er wedelte mit den Armen um sich.
Aber seine Hände schlugen ins Leere. In diesem Augenblick spürte er, dass der Schatten bereits von ihm Besitz
ergriffen hatte. Er hatte sich auf Roberts linkes Bein fallen

35 lassen, klein, leicht und dunkel wie ein haariges schwarzes
Taschentuch. Der Schatten bewegte sich ein wenig, genau
an der Stelle, wo Roberts Shorts endeten und wo seine
blassen dünnen Beine zu sehen waren. Dann schien der
Schatten seine Krallen auszufahren. Robert hatte das

40 Gefühl, in seinem Körper zusammenzuschrumpfen.
Er griff hinter sich und tastete fahrig nach dem Griff der
Autotür. Kindersicherung, verflucht. Seine Gedanken
jagten durch seinen Kopf. Sie würden ihn doch nicht etwa
eingeschlossen haben?

Hilke Rosenboom

3 Markiere Stichwörter und schreibe sie
in die rechte Spalte.
Markiere so wenige Wörter wie möglich.

4 Finde für diesen Abschnitt
eine passende Überschrift.

5 Erzähle anhand der Stichwörter die Geschichte.
Oder: Nutze nur die Überschriften als Gedächtnisstütze.

<u>Der Schatten könnte</u>   <u>sein.</u>

 Worum handelt es sich bei dem Schatten? Belege deine Vermutung mit Textstellen.

   Textinhalte mithilfe von Stichwörtern und Überschriften
zusammenfassen und wiedergeben → S. 148 / 149

Schattenwald-Geheimnisse

Drüben auf der anderen Seite begann der Wald – ein
dichter, tiefer Wald mit hohen Bäumen, die alles Licht
verschluckten. Es war der Schattenwald. Niemand wagte
sich je dort hinein, und in der Schule erzählte man sich
5 hinter vorgehaltener Hand Geschichten von wundersamen
Wesen, die man durch den düsteren Wald hatte streifen
sehen, und von stechenden Blicken, die einen aus dem
Gebüsch heraus zu verfolgen schienen. Einige nannten
ihn deshalb auch den Wald der tausend Augen. Sophie
10 glaubte nicht ernsthaft an diese alten Legenden und
dennoch spielte sie nur selten im Wald.
Wir gehen ja nicht wirklich in den Wald, redete sie sich
selbst ein, während sie auf die große Eiche zulief, die am
Waldrand stand. Unter ihren Wurzeln war der Schlüssel
15 verborgen. Sophie schnappte ihn sich, doch als sie sich
gerade wieder aufrichten wollte, schien es ihr, als bewegte
sich etwas Bleiches von der Größe eines Menschen
zwischen den Bäumen. Erschrocken hielt sie inne und
starrte hinüber. Was war das?
20 Doch die Schatten waren wieder düster und still.

Linda Chapman

1 Die markierten Wörter machen die Geschichte
spannend und anschaulich. Schreibe sie auf.

2 Welche Wörter machen die Geschichte auch spannend
und anschaulich? Markiere und schreibe sie dazu.

atemlos   Keuchend
Sophie brachte den Schlüssel zu ihrem Freund Sam.

Sie erzählte vom Erlebnis im Wald. Sam wollte dorthin.

Sophie wollte nicht noch einmal gehen. Sam ging allein.

Denke
an Wörter,
die Gefühle
ausdrücken.

3 Tim hat die Geschichte weitergeschrieben. Hilf ihm, den Text
anschaulicher zu machen. Der Tipp im Basisbuch auf Seite 28 hilft dir.

Waldlimericks

1. Zeile	Ein Specht, der am Baume laut **hackte**.	9 Silben
2. Zeile	Ein Ast, der ganz leise morsch **knackte**.	9 Silben
3. Zeile	Die Spur durch den **Wald**	5 Silben
4. Zeile	macht nirgendwo **Halt**.	5 Silben
5. Zeile	Als Forscher die Lust mich nun **packte**.	9 Silben

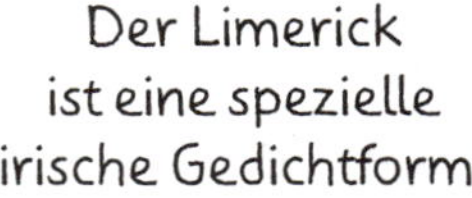

(1) Lies den Limerick.
Markiere Reimwörter am Ende einer Zeile in der gleichen Farbe.

Das Reh verschlang Knospen und **Triebe** ___ _9_ Silben

mit unheimlich stürmischer ____________. ___ Silben

Von dem jungen ____________ ___ Silben

blieb übrig ein ____________. ___ Silben

Da rief gleich der Förster laut: „____________." ___ Silben

Liebe

Traum

Baum

Diebe

(2) Ergänze den Limerick mit den Reimwörtern.
Setze die Silbenbögen. Notiere die Silbenanzahl am Ende der Zeilen.

Ein Limerick hat _____ Zeilen.

Eine Zeile besteht aus _____ Silben oder aus _____ Silben.

Diese Zeilen reimen sich: Zeilen ____________ und ____________

(3) Vervollständige den Lückentext.

Schreibe einen eigenen Limerick.

Limerick, der:
Der Limerick ist eine alte Gedichtform. Seinen Namen hat er vermutlich von der gleichnamigen Stadt in Irland. In England gab es diese Gedichtform allerdings auch. Limericks erzählen oft witzige oder sogar unsinnige kleine Geschichten in Reimen. Sie haben meistens keine Überschrift.

Einen Bauplan als Anregung zum Schreiben eigener Limericks nutzen

29

Im Regenwald

Der Regenwald ist ähnlich wie unser heimischer Wald in vier Stockwerke
unterteilt, trotzdem bietet er einen völlig anderen Lebensraum. Es gibt dort
viele Schlingpflanzen und Kletterpflanzen, die höher ranken als der
14. Stock eines Hauses. Eine dieser Pflanzen ist die Kannenpflanze.
Sie besitzt Blüten, die wie Kannen aussehen und in denen sich
bei Regen bis zu 2 l Wasser sammeln. Das Leben einer
Würgefeige beginnt in der Krone eines Baumes. Von dort
wächst sie nach oben und unten, bildet Wurzeln und
erwürgt am Ende den Baum. Daraufhin nimmt sie seinen
Platz ein. Staunen kann man auch über die faszinierende
Tierwelt. So kann man einen Brüllaffen fünf Kilometer weit
schreien hören. Nachtaffen werden erst im Dunkeln munter.

1 Markiere noch zehn zusammengesetzte Nomen aus **Nomen + Nomen**
und **Verb + Nomen** in verschiedenen Farben.

Nomen aus **Nomen + Nomen**:

der Regenwald – der Regen, der Wald;

____

____

____

____

Nomen aus **Verb + Nomen**:

____

____

____

2 Trenne die zusammengesetzen Nomen. Schreibe die Wörter mit Artikel auf.

3 Markiere den Teil des Wortes, nach dem sich der Artikel richtet.

Finde Nomen, die aus mehr als zwei Nomen bestehen. Welcher Teil des Wortes
bestimmt den Artikel des zusammengesetzten Nomens? Markiere.

Zusammengesetzte Nomen trennen /
Grund- und Bestimmungswort identifizieren

Schläfchen im Wald

Gestern ging ich im wunderschönen Wald spazieren. Die Sonne schien goldgelb
auf mich durch die Blätter. Nach einiger Zeit wurde ich hundemüde und legte mich
auf den samtweichen Laubboden. Ich fiel in einen traumreichen Schlaf.
Als ich erwachte, wurde mir eiskalt ums Herz.
Gerade war es noch taghell,
doch nun war es bereits stockfinster.
Ich stand mit butterweichen Knien auf.
Die Dunkelheit machte mir Angst.
Blitzschnell rannte ich nach Hause.

das Wunder + schön,

____

____

____

____

1 Markiere die zusammengesetzten Adjektive im Text.

2 Schreibe die Adjektive getrennt in Nomen und Adjektiv auf.

| der Hauch | die Kugel | der Spiegel | der Bär | das Gold | der Erfolg |
| richtig | dünn | reich | rund | glatt | stark |

hauchdünn,

____

3 Bilde aus diesen Wörtern neue Adjektive. Verbinde und schreibe.

🐾 Bilde fünf eigene zusammengesetzte Adjektive aus Nomen und Adjektiv.
Stelle sie vor.

Wald und Wäldchen

Br🌰tigam   Raum   _______________

aufr🌰men   außen   _______________

l🌰ten   laut   _______________

🌰ßerlich   Braut   _Bräutigam_____

qu🌰len   Qual   _______________

1 Verbinde die verwandten Wörter.

2 Schreibe die Wörter mit **ä** oder **äu** richtig auf.

Schwäche – _______________   Gebäude – _______________   zählen – _______________

Mädchen – _______________   Säule – _______________   Säugling – _______________

3 Finde zu diesen Wörtern ein verwandtes Wort. **Achtung!** Es gibt zwei Wörter, die man sich merken muss. Sie haben kein verwandtes Wort mit **a**.

nämlich	_______________	_______________
spät	_______________	_______________
die Säge	_______________	_______________
das Gerät	_______________	_______________
der Käfer	_______________	_______________
der Lärm	_______________	_______________
die Träne	_______________	_______________
während	_______________	_______________

4 Markiere schwierige Stellen in den Wörtern. Schreibe die Wörter auf und kontrolliere.

Wörter mit *ä* und *äu* mithilfe von verwandten Wörtern richtig schreiben oder sich merken → S. 181

27

Fehler vermeiden

Wort	Strategien zuordnen	
* rasgrün: Grasgrün oder grasgrün?	**X** zusammengesetztes Adjektiv – klein (**K**) Großschreibung von Nomen (**B**) verwandtes Wort suchen (**M**) Merkwort (**G**)	_grasgrün_
die H * nde: Hende oder Hände?	zusammengesetztes Adjektiv – klein (**O**) Großschreibung von Nomen (**L**) verwandtes Wort suchen (**U**) Merkwort (**A**)	
das M * dchen: Medchen oder Mädchen?	zusammengesetztes Adjektiv – klein (**O**) Großschreibung von Nomen (**Z**) verwandtes Wort suchen (**A**) Merkwort (**C**)	
der Aben * : Abent oder Abend?	zusammengesetztes Adjektiv – klein (**O**) Großschreibung von Nomen (**L**) verwandtes Wort suchen (**K**) Merkwort (**U**)	
* ärenstark: Bärenstark oder bärenstark?	zusammengesetztes Adjektiv – klein (**U**) Großschreibung von Nomen (**L**) verwandtes Wort suchen (**A**) Merkwort (**K**)	
die * aldwege: Waldwege oder waldwege?	zusammengesetztes Adjektiv – klein (**O**) Großschreibung von Nomen (**C**) verwandtes Wort suchen (**L**) Merkwort (**U**)	
H * ser: Häuser oder Heuser?	zusammengesetztes Adjektiv – klein (**O**) Großschreibung von Nomen (**L**) verwandtes Wort suchen (**K**) Merkwort (**A**)	

1 Entscheide, wie das Wort richtig geschrieben wird. Kreuze die richtige Strategie an.

2 Trage das richtig geschriebene Wort in die letzte Spalte ein.

3 Notiere das Lösungswort:

Strategien kennen, um Wörter richtig zu schreiben
→ S. 185, 186, 187

Zusammengesetzte Nomen

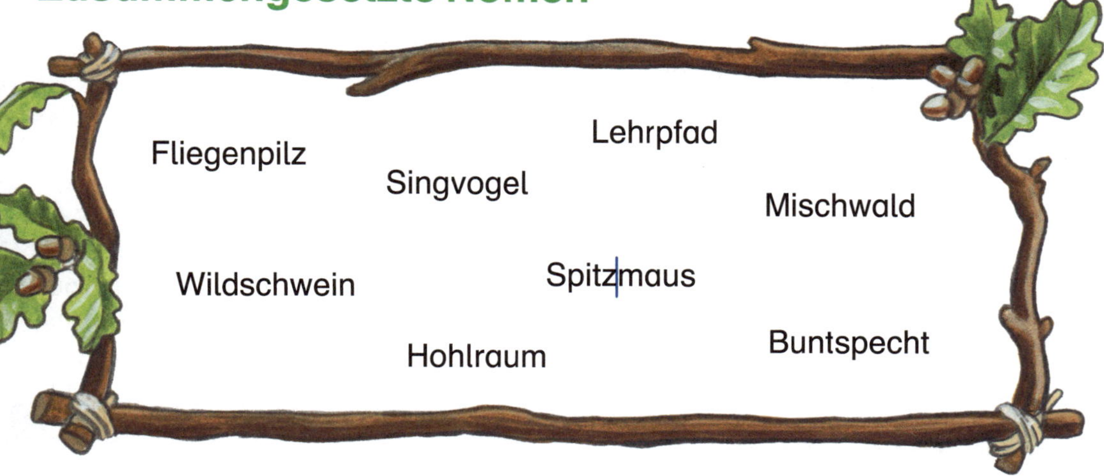

Adjektiv + Nomen	Verb + Nomen
spitz + die Maus	

Zusammengesetzte Nomen zu trennen fällt mir

_____ | 7

1 Trenne die zusammengesetzten Nomen.
Schreibe sie mit Artikel in die Tabelle.

Zusammengesetzte Adjektive

| Tier | Hund | Baum | Riese | Maus | Wiesel | Blitz | Glas |

| gemein | lieb | flink | schnell | lang | groß | klar | tot |

tierlieb

Zusammengesetzte Adjektive zu bilden fällt mir

_____ | 7

2 Bilde aus den Wörtern zusammengesetzte Adjektive
und schreibe sie auf.

29

Wörter mit ä und äu

In einem Wald gibt es viele verschiedene **Bäume** (Baum).

Die Eiche ist der _________________ (Haufen) Baum in ganz Europa.

Die Fichte besitzt _________________ (Glanz) braune Zapfen.

Die Birke _____________ (wachsen) sehr schnell.

Ihre __________ (Ast) sind besonders _____________ (Kraft).

1 Finde passende Wörter mit **ä** oder **äu**.
Trage sie in die Lücken ein.

Wörter mit ä und äu abzuleiten fällt mir

_____ | 5

Rechtschreibstrategien

G	L	A	S	K	L	A	R	L	A	W	F	W
I	F	A	H	R	R	Ä	D	E	R	R	E	O
L	A	W	R	P	O	W	L	M	G	L	I	H
B	K	U	G	E	L	R	U	N	D	T	S	N
U	Z	L	U	T	Ä	Z	P	E	L	R	K	E
R	H	M	B	S	R	A	S	I	F	W	A	N
T	R	Ä	N	E	M	J	O	T	A	U	L	P
O	Ü	R	L	B	X	N	S	I	E	H	T	Ä
P	T	Z	K	L	P	Ö	Z	U	S	I	L	Ö

März   glasklar

Fahrräder   wohnen

kugelrund   Lärm

sieht   ~~eiskalt~~

Träne

zusammengesetztes Adjektiv – klein: **eiskalt,** _________________

____

verwandtes Wort suchen: _________________________

____

Merkwörter: _________________________

2 Finde die neun Wörter.
Schreibe sie bei der passenden Rechtschreibstrategie auf.

Rechtschreib-strategien anzuwenden fällt mir

_____ | 8

→ S. 185, 186, 187

Textinhalte wiedergeben

Tannenzapfen sammeln?

Tannen sind immergrüne tief wurzelnde Bäume.
Ihre Blätter sind nadelförmig, flach
und leicht biegsam. Auf der Unterseite
sind häufig zwei helle Streifen zu erkennen.
Die Nadeln werden 8 bis 11 Jahre alt.
Die Zapfen der Tanne stehen immer
aufrecht am Zweig.
Die Achse (Spindel) des Zapfens
verbleibt am Baum, während die Schuppen
einzeln abfallen. Folglich können auch
keine herabgefallenen Tannenzapfen
gesammelt werden.

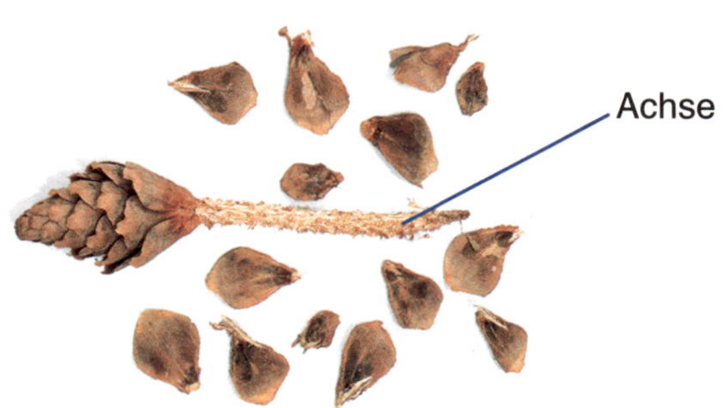

Fichtenzapfen werden nach der
Reife in einem Stück abgeworfen.
Bei Tannenzapfen, die angeblich
am Waldboden zu finden sind,
handelt es sich also um Fichtenzapfen, denn Tannen werfen ihre
Zapfen nicht als Ganzes ab.

- Alle Tannen sind Flachwurzler.
- Die Tannennadeln sind durch helle Streifen zu erkennen.
- Sämtliche Tannennadeln wachsen jedes Frühjahr neu.
- Tannenzapfen hängen an den Zweigen nach unten.
- Ganze Zapfen auf dem Boden sind meistens Fichtenzapfen.

1 Kreuze die richtigen Aussagen an.

Textinhalte
wiederzu-
geben fällt mir

_______ | 5

Zusammengesetzte Nomen und Adjektive

Rübezahl

Der langbärtige Waldschrat Rübezahl ist wohl der bekannteste
Waldgeist der Sagenwelt. Einst nahm er eine wunderschöne Frau
gefangen, die er heiraten wollte. Die bildhübsche Braut fasste einen Plan,
um zu entkommen. Sie befahl ihm, die Rüben auf dem Feld zu zählen.
Sollte er sich verzählen, müsse er sie sofort gehen lassen.
Stundenlang zählte der Berggeist die Rübenpflanzen,
um seine Traumfrau nicht zu verlieren. Währenddessen floh
die Frau. Daher der weltbekannte Spottname Rübezahl.

Zusammen-
gesetzte
Wörter zu
finden fällt mir

2 Markiere mindestens zehn zusammengesetzte
Nomen und **Adjektive** in verschiedenen Farben.

_______ | 15

Wörter mit ä und äu

Im Wald war es früher oft gefährlich / gefehrlich.　　＿＿＿＿＿＿＿＿＿＿

Räuber / Reuber versteckten sich　　＿＿＿＿＿＿＿＿＿＿

hinter Bäumen / Beumen.　　＿＿＿＿＿＿＿＿＿＿

Sie überfielen reisende Läute / Leute.　　＿＿＿＿＿＿＿＿＿＿

Diese konnten sich nicht währen / wehren.　　＿＿＿＿＿＿＿＿＿＿

Die richtige Schreibweise von verwandten Wörtern abzuleiten fällt mir

1 Streiche in jedem Satz das falsche Wort durch.

2 Schreibe ein verwandtes Wort auf.
Achtung! Zwei Wörter haben kein verwandtes Wort.

＿＿＿ | 10

Nachschlagen im Wörterbuch

Käufer / Keufer 📖 S. ＿＿＿　　scheumen / schäumen 📖 S. ＿＿＿

spät / spet 📖 S. ＿＿＿　　Käfig / Kefig 📖 S. ＿＿＿

Kese / Käse 📖 S. ＿＿＿　　treumen / träumen 📖 S. ＿＿＿

Wörter im Wörterbuch zu finden fällt mir

3 Schlage die Wörter im Wörterbuch nach.
Streiche das falsche Wort durch. Notiere die Seitenzahl. 

＿＿＿ | 6

Diese Tipps möchte ich dir geben:

Informationen zusammenfassen
- ☐ Du verstehst gelesene Texte sehr gut.
- ☐ Lies langsam. Markiere wichtige Stellen.
- ☐ ＿＿＿＿＿＿＿＿＿＿＿＿＿＿＿＿

Zusammengesetzte Nomen und Adjektive
- ☐ Zusammengesetzte Wörter erkennst du sicher.
- ☐ Achte besonders auf lange Wörter.
- ☐ ＿＿＿＿＿＿＿＿＿＿＿＿＿＿＿＿

Wörter mit ä und äu
- ☐ Du findest verwandte Wörter sicher.
- ☐ Suche nach einem verwandten Wort in einer anderen Wortart.
- ☐ ＿＿＿＿＿＿＿＿＿＿＿＿＿＿＿＿

Nachschlagen im Wörterbuch
- ☐ Du schlägst sicher nach.
- ☐ Schlage bei ä und e, bei äu und eu nach.

Sonne, Mond und Sterne

Mars – der Rote Planet

____

____

____

1 Welche Stichwörter fallen dir zur Überschrift ein? Notiere.

Der Mars ist der nächste Planet zur Erde.
Am Nachthimmel erscheint er rötlich und wird deshalb
auch der Rote Planet genannt. Eisenhaltiger Staub,
der hoch durch die Luft geweht wird, lässt den Himmel
5 des „rostigen" Planeten rot erscheinen. Viele alte Hoch-
kulturen dachten bei dieser Farbe an Blut und gaben
dem Planeten deshalb den Namen des Kriegsgottes Mars.

Mit Raumsonden hat man herausgefunden, dass der
Mars ein kleiner Planet ist – er ist nur halb so groß wie
10 die Erde. Auf seiner Oberfläche erkennt man Krater, Täler,
Einschlaglöcher von Meteoriten, Staubdünen und
erloschene Vulkane. In den riesigen Lavafeldern gibt es
sehr hohe Berge. Der Olympus Mons ist 27 Kilometer
hoch und damit der größte Vulkan im ganzen Sonnen-
15 system. Er ist also dreimal so hoch wie der
Mount Everest, der höchste Berg der Erde.

Auch sind auf den Bildern der Raumsonden riesige
ausgetrocknete Flusstäler zu erkennen. Forscher
vermuten, dass es früher auf dem Mars einmal viele
20 Flüsse und sogar reißende Ströme gegeben haben muss.
Von diesen großen Flusstälern gehen viele
Verzweigungen ab.

Einzigartig ist der Riesencanyon Valles Marineris.
Dieses Tal erstreckt sich über ein Viertel der Mars-
25 oberfläche und ist über 4 000 Kilometer lang und bis zu
7 Kilometer tief. Wenn an einem Ende des Tals die Sonne
scheint, ist am anderen Ende bereits Nacht.

2 Schreibe die markierten Stichwörter in die rechte Spalte.

Im Canyon herrscht ein trockenes, kaltes Klima. Tagsüber kann es bis +25 °C warm werden, aber nachts sinken die
30 Temperaturen auf bis zu −90 °C.

Am Nord- und Südpol gibt es genau wie auf der Erde Eis und Schnee. Diese bestehen aber nicht aus Wasser, sondern aus Kohlenstoffdioxid (Trockeneis) und es ist bis zu −120 °C kalt. Die großen Temperaturunterschiede
35 erzeugen Winde, die die Marsoberfläche entlang toben.

Immer wieder schicken die Menschen Raumsonden auf den Mars. Sie sollen den Planeten, weil er der Erde am ähnlichsten ist, weiter erkunden. Die gesendeten Bilder werden mit älteren verglichen, um Veränderungen fest-
40 zuhalten. Die NASA (USA) startete 2012 die Forschungs- mission „Curiosity". Dieser Marsrover hat in der Region des Gale-Kraters allererste Bohrungen auf der Mars- oberfläche gemacht und Untersuchungen des Materials vorgenommen. Die „Neugier" ist groß.

45 Ist vielleicht doch Leben auf dem Mars möglich? Diese Frage wird die Wissenschaftler weiter beschäftigen.

3 Markiere selbst Stichwörter und schreibe sie in die rechte Spalte.
Markiere so wenig Stichwörter wie möglich.

4 Schreibe die fünf wichtigsten Informationen anhand der Stichwörter in Sätzen auf.

Bisher glaubte man, dass auf dem Mars kein Leben möglich ist. Begründe diese Annahme.

Die Milchstraße

Text 1: Die Milchstraße wird entdeckt

Schon von frühester Zeit an interessierten sich die Menschen für die
Lichter und die milchig helle Stelle am Himmel, die Milchstraße.
Darunter war auch der italienische Wissenschaftler Galileo Galilei.
Vor ungefähr 400 Jahren, genauer gesagt im Jahre 1609, schaute er nachts mal wieder
5 durch ein selbst gebasteltes Fernrohr zum Himmel und machte dabei eine sensationelle
Entdeckung: Er konnte in den milchig hellen Lichtwolken einzelne Sterne erkennen und
damit erklären, woraus die Milchstraße besteht. So war das Rätsel gelöst, über das sich
die Menschen seit langer Zeit Gedanken gemacht
hatten: Die Milchstraße, griechisch galaxías, ist ein
10 Band aus Sternen. In ihr wirbeln Dunstwolken aus
Gas und Staub umher. Einige leuchten in wunderschönen Farben. Manchmal kann man sie sogar mit
bloßem Auge sehen, zum Beispiel das Sternbild
Orion im Winter. Später entdeckten die Menschen,
15 dass die Milchstraße doch kein Band ist, sondern
eine riesige, sich drehende Spirale. Auch unser
Sonnensystem ist ein winziger Teil in diesem
riesigen Sternenhaufen.

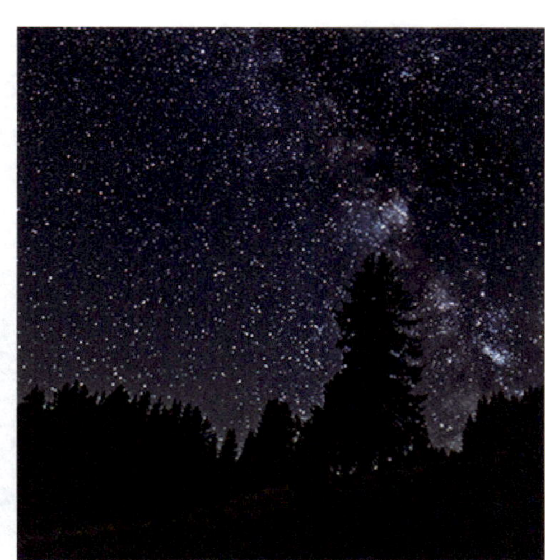

Text 2: Die Milchstraße – eine riesige Spirale

Unsere Milchstraße (= Galaxie) besteht geschätzt
aus 100 bis 300 Milliarden Sternen. Unsere Sonne
ist nur einer davon. Um die Größe der Milchstraße zu beschreiben, wird die Längeneinheit Licht-
5 jahr verwendet. Ein Lichtjahr entspricht einer
Länge von ungefähr 9,5 Billionen Kilometern
(940 500 000 000 000 km). Eine Lichtsekunde entspricht einer Länge von ungefähr 300 000 Kilometern. Von der Erde aus ist die Milchstraße als eine

10 Art milchig-helles Band am Nachthimmel sichtbar. Sie ist jedoch eine Spiralgalaxie
mit einem Durchmesser von ungefähr 100 000 Lichtjahren und einer Dicke von 16 000 bis
30 000 Lichtjahren. Die Sterne der Michstraße ordnen sich auf spiralförmigen Armen an.
Das Michstraßensystem dreht sich um den eigenen Mittelpunkt.
Dafür braucht diese Galaxie 230 Millionen Jahre. Das sieht ein bisschen so aus
15 wie ein Windrädchen für Kinder.

1 Suche zwei Partnerkinder.
Jeder liest einen der drei Texte auf den Seiten 35 und 36.

Texte lesen und wichtige Informationen
für einen Vortrag entnehmen

Text 3: Die Sage von der Entstehung der Milchstraße

Aus dem alten Griechenland stammt die Sage über die Entstehung der Milchstraße.
Man erzählte sich, dass Alkmene, eine Menschenfrau, einen Sohn bekam,
der Herakles genannt wurde. Sein Vater war Zeus, der mächtigste aller Götter.
Zeus wollte seinem Sohn göttliche Kraft verleihen. Sie sollte ihn unbesiegbar und
5 unsterblich machen. Dazu musste Herakles aber Milch von der Brust einer Göttin
trinken. Einem anderen Sohn von Zeus, dem Gott Hermes, fiel eine List ein. Er brachte
den kleinen Herakles auf seinen geflügelten Sandalen auf den Götterberg Olymp.
Dort schlief die Göttin Hera. Hermes legte den Kleinen an ihre Brust. So konnte
Herakles die göttliche Milch trinken. Aber Herakles saugte so ungestüm, dass Hera
10 erwachte und ihn erkannte. Sie stieß den Kleinen wütend von sich. Beim Wegstoßen
spritzte ein Strahl ihrer Milch über den ganzen Himmel und hinterließ eine weiße Spur,
die Milchstraße. Herakles aber wurde ein ungewöhnlich starker und mutiger Held,
der viele gefährliche Abenteuer bestand.

2 Markiere wenige wichtige Stichwörter zu deinem gewählten Text.

Stichwörter zu Text _______ : _________________________________

____

____

____

3 Notiere die markierten Stichwörter zu dem Text, den du gelesen hast.

4 Erzählt euch den Inhalt der gelesenen Texte anhand der Stichwörter.

Wie kannst du herausfinden, welches die uns nächste Galaxie ist?
Notiere dein Ergebnis. **Oder:** Welche Textsorten erkennst du?
Begründe, welche Textsorte dir die wichtigsten Informationen zum Thema geliefert hat.

 Stichwörter erkennen
und zum Informationsaustausch nutzen

43

Außerirdische Begegnung

1 Stell dir vor, es landet ein Raumschiff vor dir auf der Erde. Ein Wesen steigt aus. Sammle passende Wörter, die das Lebewesen genau beschreiben. Male es.

____

____

2 Wie kann sich dein Lebewesen fortbewegen? Sammle Verben.

____

____

3 Was hat es dabei? Sammle Nomen.

Die Tür des Raumschiffes öffnete sich/schlug auf/klappte nach außen und

____ schritt/flog/schlich auf mich zu.

4 Was passiert dann? Schreibe die ganze Geschichte auf.
Schreibe so: Die Tür des Raum…

Mit einer Wörtersammlung einen Text planen
und verfassen → S. 155, 159

In einer unbekannten Welt

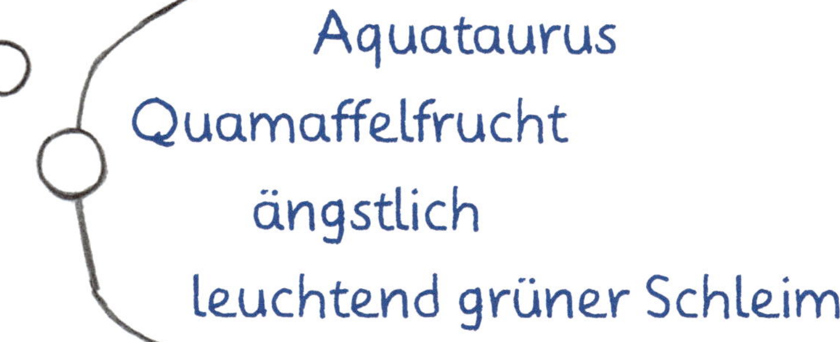

1 Sammle weitere treffende Wörter zum Bild.

treffende Adjektive (**P**)	gleiche Verben (**Z**)
zusammengesetzte Nomen (**L**)	wörtliche Rede (**T**)
Wörter aus verschiedenen Wortfeldern (**A**)	gleiche Satzanfänge (**P**)
keine Frage- und Ausrufesätze (**P**)	Frage- und Ausrufesätze (**E**)
wechselnde Satzanfänge (**N**)	genaue Beschreibungen (**N**)
verschiedene Wörter einer Wortfamilie (**E**)	wenige Adjektive (**L**)

Lösungswort:

2 Wodurch wird eine Geschichte anschaulich? Kreuze an.

3 Schreibe eine Geschichte zu dem Bild und finde eine passende Überschrift.

Bearbeite deine Geschichte mit zwei oder drei Kindern in einer Schreibkonferenz.

Male ein Bild vom Höhepunkt deiner Geschichte.

     Mit einer Wortsammlung eine Geschichte schreiben

Ein weiter Weg

Das bekannteste Sternensystem außerhalb unserer Milchstraße
heißt Andromedanebel. Du erkennst es mit bloßem Auge in ganz
dunklen Nächten im Sternenbild Andromeda als einen schwach
schimmernden Lichtfleck. Doch immer, wenn du in den
Sternenhimmel schaust, blickst du zurück in die Vergangenheit.
Denn das Licht unserer Sonne benötigt acht Minuten, bis es auf
die Erde trifft. Licht, das vom Andromedanebel ausgeht, braucht
sogar etwa zwei Millionen Jahre, bis man es auf der Erde sieht.
Das heißt: Was du heute am nächtlichen Himmel siehst,
zeigt dir ein Bild von vor ungefähr zwei Millionen Jahren.

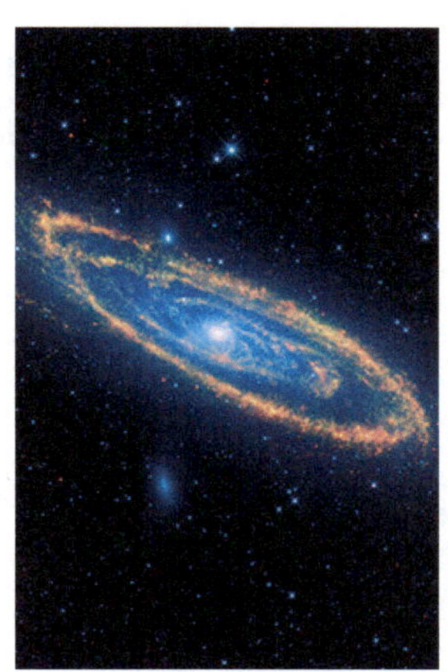

1 Markiere im Text noch elf Verben.

heißen, ____

____

____

2 Schreibe die Grundform der Verben auf und markiere den Wortstamm.

	____________	____________	____________
ich	__________	__________	__________
du	__________	__________	__________
er, sie, es	__________	__________	__________
wir	__________	__________	__________
ihr	__________	__________	__________
sie	__________	__________	__________

3 Wähle drei Verben von oben. Schreibe die Grundform auf.
Bilde alle Personalformen im Präsens (Gegenwart).

4 Schreibe alle Personalformen des Verbs **sein** auf: ich bin, du …
Oder: Schreibe Sätze mit dem Verb **sein** in allen Personalformen.

Verben in die Personalformen setzen,
Wortstamm erkennen

Jupiter – der Gasplanet

einem · die · des · einer · dem · eine
eines · den · das · einen · der · ein

> Wenn etwas Bestimmtes gemeint ist, kommt der bestimmte Artikel, wenn etwas Unbestimmtes, dann der unbestimmte.

1 Markiere alle **bestimmten** Artikel.

Im Vergleich zum Planeten Jupiter ist *die* Erde _________ Winzling. Jupiter hat einen Durchmesser von ungefähr 143 000 Kilometern, _________ Erde dagegen „nur" 12 000 Kilometer. Von _________ Sonne aus gesehen, liegt _________ Jupiter an fünfter Stelle. _________ Jupiter ist _________ riesiger Gasball. Man kann _________ größten Planeten des Sonnensystems mit _________ verschiedenen Farben nachts ohne _________ Fernrohr sehen. _________ große rote Fleck auf _________ Oberfläche _________ Jupiters ist fast doppelt so groß wie _________ Erde. Jupiter besitzt 67 uns bekannte Monde, von denen _________ vier größten mit _________ kleinen Fernrohr gesehen werden können. _________ Planet Jupiter dreht sich im Sonnensystem am schnellsten um _________ eigene Achse. _________ Tag auf _________ Jupiter dauert nur ungefähr 9 Stunden und 50 Minuten.

2 Setze passende **bestimmte** und **unbestimmte** Artikel ein.

| einen Mondstein | des Planeten | einem Raumschiff | die Sonne | ~~der Erde~~ |

Wir Menschen leben auf der Erde. _______________________

____

____

____

3 Schreibe Sätze mit den Artikeln und Nomen auf den Kärtchen.
Oder: Finde selbst fünf Sätze mit bestimmten und unbestimmten Artikeln.

Erkennen und Anwenden der passenden Artikel

Sterntaler

Es war einmal ein kleines Mädchen, das war so arm, dass es gar nichts mehr
hatte als die Kleider auf dem **Leib** und ein Stückchen **Brot** in der **Hand**. Es war aber
gut und fromm. Und weil es so von aller Welt verlassen war, ging es im Vertrauen
auf den lieben Gott hinaus ins Feld. Da begegnete ihm ein armer Mann, der sprach:
5 „Ach, gib mir etwas zu essen, ich bin so **hungrig**." Es reichte ihm das ganze Stückchen
Brot und sagte: „Gott segne dir's", und ging weiter. Da kam ein Kind, das jammerte
und sprach: „Es friert mich so an meinem Kopf. Schenk mir etwas, womit ich
mich bedecken kann." Da tat das Mädchen seine Mütze ab und **gab** sie ihm.
Und als es noch eine Weile gegangen war, kam wieder ein **Kind** und hatte
10 kein Jäckchen an und fror, da gab es ihm seins. Und noch weiter, da bat eins
um ein Röcklein, das gab es auch von sich hin. Und wie es so stand
und gar nichts mehr hatte, fielen auf einmal die Sterne vom Himmel
und waren lauter blanke Taler. Und ob es gleich sein Hemd
weggegeben, so hatte es ein neues an, und das war
15 vom allerfeinsten Linnen. Da sammelte es sich **flink**
die Taler hinein und war reich für sein Lebtag.

Brüder Grimm

b oder p, g oder k, d oder t

Lei **b** ⟷ **Leiber** _________   Bro __ ⟷ _________

Han __ ⟷ _________   gu __ ⟷ _________

hungri __ ⟷ _________   ga __ ⟷ _________

Kin __ ⟷ _________   flin __ ⟷ _________

1 Finde zu den **blauen** Wörtern verwandte Wörter.

sie sa **g** _ t ⟷ **sagen** _________   es trei __ t ⟷ _________

er schwe __ t ⟷ _________   er spu __ t ⟷ _________

es blei __ t ⟷ _________   sie lie __ t ⟷ _________

2 Finde zu diesen Verben verwandte Wörter in der Grundform.

Schreibe Sätze mit den Wörtern **aufsagen**, **hinlegen**, **ausdenken**.

Verwandte Wörter finden zur Identifikation
der richtigen Verschlusslaute →S. 180

Peterchens Mondfahrt

*Peterchen und seine Schwester begegnen
auf dem Weg zum Mond dem* **Donnermann**.

Donnermann donnerte los: „Ja, habt ihr denn keine Angst gehabt?"
„Nein, kein bisschen", sagte Peterchen und zog sein Schwert.
„Donnerwetter! Potz Blitz!", brüllte da der Donnermann.
„Jetzt werde ich euch prüfen."
Er rannte auf die Kinder zu und schlug auf seine Pauke.
Ein gewaltiger Donnerschlag! Der ganze Saal bebte.
Peterchen lachte: „Das kannst du gern noch einmal machen!"
Aber die Nachtfee rief: „Schluss jetzt mit dem Getöse!
Ihr habt alle gesehen, wie mutig die Kinder sind."
„Ja, das sind sie, aber dummerweise wissen sie nicht,
wie sie auf den Mond kommen sollen."

Gerdt von Bassewitz

1 Markiere die Wörter mit Doppelkonsonanten.

Donnermann,

2 Schreibe aus dem Text mindestens acht Wörter mit Doppelkonsonanten auf.
Markiere den kurzen Vokal mit einem Punkt.

Forscher ~~entdetten~~ immer wieder neue Sterne am Himmel.   entdecken

Tausend Sterne glittern dort.

Die Sonne strahlt eine große Hiebe aus.

Die Menschen blinken in klaren Nächten zu den Sternen hinauf.

Es sieht so aus, als hätten die meisten Sterne Zahlen.

3 Finde in jedem Satz das falsche Wort. Schreibe es richtig mit **tz** oder **ck** auf.

4 Bilde nun zu den Verben aus Aufgabe 3 die Du-Form, die Es-Form und die Wir-Form.
Markiere den Wortstamm.

   Konsonantenverdopplung, *tz*, *ck*
und Erkennen des Wortstammes

Verben: Personalform und Wortstamm

ich		
du	**benutzt**	
er, sie, es		
wir		
ihr		**wollt**
sie		

Personalformen und Grundformen von Verben zu bilden fällt mir

_____ | 12

1 Ergänze die fehlenden Personalformen und die Grundformen.

2 Markiere den Wortstamm.

Bestimmte und unbestimmte Artikel

Die _______ **Sonnenuhr – eine** _______ **Schattenuhr**

Vor vielen Tausend Jahren benutzten __________ Menschen

__________ so genannte Schattenuhr, um __________ Zeit zu messen.

__________ solche Uhr kann man ganz leicht nachbauen.

Man steckt __________ Holzstab (zum Beispiel __________ Besenstiel)

senkrecht in __________ Erde. Zu jeder Stunde markiert man

mit __________ Stein oder __________ Kreidestrich

__________ Schattenende auf __________ Boden.

An __________ folgenden Tagen, an denen __________ Sonne scheint,

kann man nun __________ Uhrzeit an __________ Schattenuhr ablesen.

Bestimmte und unbestimmte Artikel passend einzusetzen fällt mir

_____ | 15

3 Setze die passenden Artikel in die Lücken ein.

Nachdenkwörter

E	R	L	H	O	C	R	R	I	N	G	Z	R	B	Z
T	F	A	S	C	H	R	A	N	K	A	U	I	A	U
M	L	N	D	F	R	G	A	H	B	M	G	Z	N	O
P	J	D	S	T	A	U	B	L	O	R	T	B	K	G

1 Finde noch sechs Nachdenkwörter.

Endlaut **k**: Schrank – Schränke, _______________________

Endlaut **g**: ____

Endlaut **d**: ____

Endlaut **t**: ____

Endlaut **b**: ____

Die richtige Schreibweise mithilfe verwandter Wörter zu finden fällt mir

_____ | 12

2 Ordne die Wörter richtig zu. Finde verwandte Wörter.

Doppelkonsonanten, tz und ck

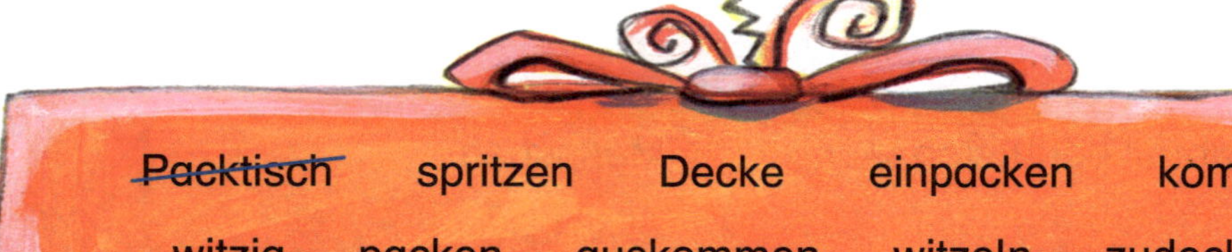

pack: Packtisch, _______________________

____

____

____

____

Wörter mit doppelten Konsonanten, tz und ck richtig zu schreiben, fällt mir

_____ | 18

3 Markiere immer den Wortstamm von **drei** verwandten Wörtern in der gleichen Farbe. Schreibe die Wörter auf.

  → S. 180

Informationen zusammenfassen

Hubble

Hubble ist ein Weltraumteleskop,
das in 590 Kilometer Höhe die Erde
innerhalb von 95 Minuten einmal umkreist.
Das Teleskop wurde nach dem US-Astronomen
5 Edwin Hubble benannt.
Es wurde am 24. April 1990 mit der
Discovery-Raumfähre ins Weltall gebracht.
Der Betrieb eines Teleskops im Weltall
hat große Vorteile für die Qualität der Aufnahmen,
10 weil störende Luftbewegungen im All fehlen.

Informationen
in Stichwörtern
zusammen-
zufassen
fällt mir

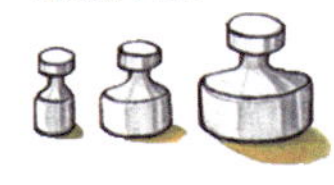

_____ | 12

1 Markiere sechs wichtige Stichwörter.
Schreibe sie auf.

Bestimmte und unbestimmte Artikel

Apollo 11 – _________ erste Mondlandung

Neil Armstrong war _________ erste Mensch auf _________ Mond.

Er sagte beim Ausstieg: „Das ist _________ kleiner Schritt für einen

Menschen, aber _________ großer Sprung für _________ Menschheit.“

_________ anderen Astronauten hießen Michael Collins und Edwin

Aldrin. Auf dem Mond stellten sie _________ amerikanische Flagge auf.

Einige Menschen glauben nicht an _________ Mondlandung von 1969.

Sie behaupten, alles sei nur _________ Filmtrick gewesen.

Artikel
passend zu
verwenden
fällt mir

_____ | 10

2 Ergänze die bestimmten und unbestimmten Artikel.

→ S. 148 / 149

Nachdenkwörter

Im All gibt es keinen Wind / Wint wie auf der Erde. ___________________

Der Weg / Wek ans Ende des Weltraums ist unendlich. ___________________

Der Mond / Mont leuchtet nicht selbst. ___________________

Bei der Forschung hilft Sternenstaub / Sternenstaup. ___________________

Eine Raumfahrt bleibt / bleipt ein Risiko. ___________________

Die richtige Schreibweise mithilfe verwandter Wörter zu finden fällt mir

1 Streiche in jedem Satz das falsche Wort durch.

2 Schreibe ein verwandtes Wort auf die Linie.

___ | 5

Nachschlagen im Wörterbuch

fiel ___________ S. ___   bellte ___________ S. ___

ging ___________ S. ___   leuchtete ___________ S. ___

flog ___________ S. ___   schrieb ___________ S. ___

Die richtige Grundform zu bilden und nachzuschlagen fällt mir

3 Bilde die Grundform. Schlage die Wörter im Wörterbuch nach.
Notiere die Seitenzahl.

___ | 12

Diese Tipps möchte ich dir geben:

Informationen zusammenfassen

☐ Du findest die richtigen Stichwörter.

☐ Stichwörter in Sachtexten sind häufig Nomen.

☐ ___________________

Bestimmte und unbestimmte Artikel

☐ Du wählst zuverlässig den richtigen Artikel.

☐ Verwende **der**, **die**, **das** nur, wenn eine bestimmte Sache oder Person gemeint ist.

☐ ___________________

Nachdenkwörter

☐ Du findest verwandte Wörter sicher.

☐ Verlängere die Wörter, um den Auslaut zu hören.

☐ ___________________

Nachschlagen im Wörterbuch

☐ Du schlägst sicher nach.

☐ Suche Verben immer in der Grundform.

Drachen

Kleiner König Kalle Wirsch

In einem geheimnisvollen Reich tief in der Erde herrscht der kleine König Kalle Wirsch.
Dort lebt auch der Drache Murrumesch. Er hat Kalle Wirsch einen Uranstein geraubt,
der tödliche Strahlen aussendet. Den Stein trägt Murrumesch auf einer
unverwundbaren Panzerschuppe, direkt auf seiner Stirn.
5 *Die beiden Kinder Jenny und Max wollen Kalle Wirsch helfen,*
den Stein zurückzuerobern.
Kurz bevor sie Murrumeschs Höhle erreichen, stürzt hinter ihnen der Gang ein.
Kalle versucht zu erkunden, was Murrumesch macht.

Kalle kam zurück. „Murrumesch schläft",
10 berichtete er. „Das ist eine kleine Hoff-
nung, eine winzig kleine allerdings. Er hat
feine Sinne und wird es spüren, wenn
jemand durch seine Höhle schleicht.
Habt ihr Mut, es trotzdem zu wagen?"
15 Max nickte. Jenny nickte auch. Sie war
bereit, Kalle Wirsch zu folgen. Wenn nur
der scharfe Atem des Drachen nicht
gewesen wäre! Er stieg ihnen beißend in
die Nase und Jenny tränten die Augen so
20 sehr, dass sie kaum mehr richtig sehen
konnte. „Wartet! Ich muss mir erst die
Augen auswischen."
Sie kramte nach einem Taschentuch.
Dabei fiel das runde Spiegelchen, das sie
25 beim Fortgehen gedankenlos eingesteckt
hatte, aus ihrer Tasche. Kalle Wirsch
erblickte es und aus dem verstörten Kalle
wurde mit einem Schlag wieder der alte
schrullige Wirsch.
30 „Äh, Spiegel!", brummte er. „Da sieht
man's, was dieses Menschenzeug im

Sinn hat. Nichts als Dummheiten, Putz
und eitlen Kram. Spiegel, ausgerechnet
im unpassendsten Augenblick,
35 hiii-käckäckäck."
Max und Jenny waren ihm richtig dankbar
für diesen Ausbruch. Sie hatten viel
lieber, wenn er schimpfte, als wenn er
mutlos war.
40 „Steck deinen unnützen Putzkram ein!",
befahl er. Aber bevor Jenny das
Spiegelchen in die Tasche brachte,
veränderte sich Kalle Wirschs Stimmung
schon wieder. Es blitzte etwas in ihm auf
45 wie ein rettender Einfall. Ganz unerwartet
riss er Jenny den Spiegel aus der Hand
und steckte ihn selbst ein.
Was wollte er damit?
Es blieb jedoch keine Zeit,
50 darüber nachzudenken,
denn Kalle Wirsch sagte:
„Und jetzt vorwärts!
Ganz leise, ganz vorsichtig,
haltet euch dicht hinter mir."

1 Wer ist Murrumesch? Wie sieht er aus? Markiere die Antworten im Text.

Fragen zu einem Text überlegen
und beantworten

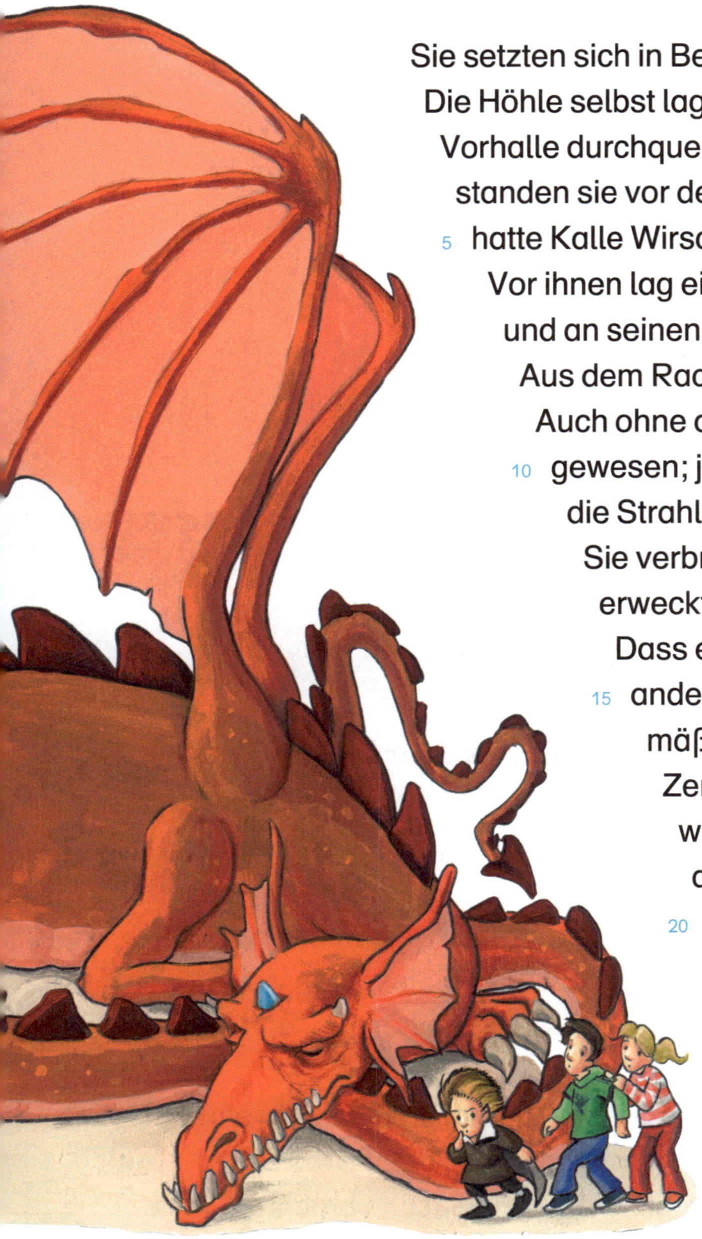

Sie setzten sich in Bewegung und betraten den torbogenartigen Eingang.
Die Höhle selbst lag noch weiter entfernt. Zuerst mussten sie eine
Vorhalle durchqueren. Das bläuliche Licht wurde stärker – und dann
standen sie vor dem schlafenden Murrumesch. Wer Murrumesch war,
5 hatte Kalle Wirsch den Kindern nicht erklärt. Jetzt sahen sie es:
Vor ihnen lag ein mächtiger Drache. Sein schuppiger Leib glänzte
und an seinen sechs Beinen wuchsen ihm scharfe Klauen.
Aus dem Rachen ragten spitze Zähne kreuz und quer hervor.
Auch ohne den Uranstein wäre er ein gefährlicher Gegner
10 gewesen; jetzt war er unüberwindlich. Wie Blitze zuckten
die Strahlen aus dem Uranauge von seiner Stirn.
Sie verbreiteten ein unruhiges Licht, das den Eindruck
erweckte, Murrumesch läge gespannt auf der Lauer.
Dass er schlief, erkannte man jedoch an den beiden
15 anderen geschlossenen Augen und an seinem gleichmäßigen Schnarchen. Mit winzigen Schritten,
Zentimeter für Zentimeter, schoben sich die drei
weiter in die Höhle. Sie ließen den Drachen nicht
aus den Augen und dachten immer nur:
20 Kein Geräusch machen, nur kein Geräusch;
er darf nicht aufwachen, nicht aufwachen.

Tilde Michels

	ja	nein
a) Was macht Murrumesch so gefährlich?	☐	☐
b) Ist Kalle Wirschs Feind Zoppo mit Murrumesch befreundet?	☐	☐
c) Was hält Kalle Wirsch von den Menschen?	☐	☐
d) Warum mochten Jenny und Max, dass Kalle schimpfte?	☐	☐
e) Wie viele Beine hat Murrumesch?	☐	☐

2 Welche der Fragen kann man mithilfe der Geschichte beantworten?
Kreuze an. Markiere die Antworten im Text.

3 Beantworte die Fragen, die du mit **ja** angekreuzt hast.

4 Überlege dir selbst Fragen zum Text. Lass sie von einen Partnerkind beantworten.

Wie könnte die Geschichte weitergehen?

Fragen zu einem Text überlegen
und beantworten

Sagen und Legenden

Legende: Die Legende erzählt die Geschichte eines Heiligen.
Die Heiligen bestehen ihre Abenteuer durch ihren Glauben an Gott.
Deshalb werden sie von gläubigen Menschen besonders verehrt.

Sage: Eine Sage ist eine Geschichte, die einen wahren Kern enthält.
In der Regel gibt es die erwähnten Orte.

In einer Legende bestehen Menschen Abenteuer, weil sie an Gott glauben.
Sagen sind frei erfundene Geschichten.
Sagen spielen meistens an bestimmten Orten, die es wirklich gibt.

1 Lies die Informationen über Sagen und Legenden.
Kreuze die richtigen Aussagen an.

Wie Georg den Drachen besiegte und die Königstochter rettete

In der Nähe der Stadt Silena hauste in einem See ein schrecklicher Drache.
Mit seinem Feueratem bedrohte er die Einwohner. Um das Ungeheuer zu
beruhigen, wurden ihm täglich Schafe geopfert. Als es eines Tages keine
Schafe mehr gab, loste man jeden Tag einen Menschen aus und opferte
5 diesen dem Drachen.
Als das Los die Königstochter traf, gab es auch für sie keine Gnade.
In einem Brautkleid wurde sie an das Ufer des Sees geführt.
Dort wartete sie voller Angst auf das Ungeheuer.
Da kam der heilige Georg herangeritten und fragte, weshalb sie so
10 verängstigt sei. Als das Mädchen Georg vom Drachen berichtete, kam das
Untier auch schon herbei. „Bete zu Gott, dem Herrn!", rief Georg und ritt dem
Drachen entgegen. Mit seiner Lanze verwundete er ihn schwer. Er rief dem
Mädchen zu, dem Drachen ihren Gürtel um den Hals zu werfen. Daran führten
sie das Ungeheuer in die Stadt. Die Menschen jubelten und Georg forderte
15 sie auf, sich taufen zu lassen. Da riefen ihm alle wie aus einem Munde zu:
„Wir wollen an deinen Gott glauben und tun, was er von uns erwartet."
Georg tötete den Drachen und alle Einwohner der Stadt ließen sich
taufen. Der König bot ihm zahlreiche Schätze an, aber Georg bat darum,
sie an die Armen zu verteilen. Dann stieg er auf sein Pferd
20 und ritt davon.

 Sagen und Legenden kennen lernen **49**

Der Lindwurm im Ammertal

Vor uralter Zeit lebte im Ammertal ein riesiger, schrecklicher Drache, dessen Körper mit einem Schuppenpanzer bedeckt war. Mit seinen scharfen Krallen ergriff er die Beute, und sein Feueratem versengte alles, was sich ihm widersetzte. Um das Ungeheuer zu besänftigen, brachten ihm die Bauern von Wurmlingen jeden Tag ein Schaf zum Fraß. Trotzdem fiel er die Menschen an, die sich zu weit vor ihre Dörfer wagten. Eines Tages wollte eine Gräfin von Tübingen durch den Wald nach Jesingen gehen. Kaum aber war sie im Ammertal, da stürzte plötzlich der Lindwurm auf sie los und wollte sie verschlingen. Sie floh den Weg zurück, Tübingen zu, verfolgt von dem Untier. Im letzten Augenblick konnte sie hinter dem Stadttor Schutz finden. Dort traf sie einen Ritter auf einem stolzen schneeweißen Ross. Der Ritter schlüpfte in ein Gewand, das ringsum mit großen Spiegeln behängt war, stieg auf sein Pferd und ritt hinaus ins Ammertal. Der Lindwurm sah ihn kommen und näherte sich neugierig der fremden Erscheinung. Plötzlich erblickte er sein Spiegelbild, glaubte einen von seinesgleichen vor sich zu haben und kroch arglos herzu. Der Ritter aber sprengte auf ihn los, hob seine Lanze, suchte eine verletzbare Stelle am Rumpf des Untiers und stieß mit aller Kraft zu. Mitten ins Herz getroffen, bäumte sich der Drache auf und stürzte tot zu Boden. Endlich waren die Bauern des Ammertals befreit von dem Drachen. Zur Erinnerung an die tapfere Tat ließen die Wurmlinger ein Bildnis des Untiers in Stein hauen und an einer Kapelle aufstellen, die es noch heute bei Tübingen gibt. Die Gräfin aber heiratete den mutigen Ritter, und ihre Nachkommen, die Herren von Wurmlingen, führen seitdem einen Lindwurm in ihrem Wappen.

Manfred Wetzel

____

____

____

____

2 Welche der beiden Geschichten ist eine Sage, welche eine Legende? Begründe deine Antwort.

3 Markiere die Stellen in beiden Texten, die deine Antwort belegen.

Finde eine Sage aus deiner Region. Dazu kannst du Erwachsene befragen. **Oder:** Gehe in die Bücherei.

Ritter Gottfried

Wer? ____

Wo? ____

Wann? ____

1 Schreibe Stichwörter für eine Einleitung der Geschichte auf.

____

____

____

____

____

2 Schreibe die Einleitung mithilfe der Stichwörter auf.

Aus heiterem Himmel schnaubte Gottfrieds Pferd nervös und begann unruhig zu tänzeln. „Was ist los?", dachte er. In der Ferne hörte er ein lautes Fauchen. Brandgeruch stieg ihm in die Nase. Sein Pferd drohte durchzugehen. Als es im Wald knackte, reagierte der Ritter sofort …

Mit mächtigen Flügelschlägen flog der Drache zu seiner Höhle in den Bergen zurück. Niemand konnte ihm etwas anhaben. Zufrieden fauchte er laut.

3 Manchmal gibt es eine **überraschende Einleitung**.
Die W-Fragen werden dann nicht beantwortet.
Kreuze an, welche überraschende Einleitung zu der Geschichte über Ritter Gottfried passt.

Über den Aufbau einer Geschichte nachdenken

Tim hat den Höhepunkt zu dieser Geschichte geschrieben:

Da kam der Drache auf ihn
zu. Gottfried zitterte. Aber er
stieß ihm seine Lanze in den
Bauch. Der Drache fiel um.

interessante Verben	spannende Adjektive	Wörter für Gefühle
galoppieren,	grausam, eiskalt,	
fauchen,		
kratzen,		

4 In der Schreibkonferenz überarbeitet Tim mit seinen Partnern den Höhepunkt. Sie nutzen dabei eine Wörtersammlung. Trage weitere Wörter ein.

5 Schreibe selbst einen Hauptteil mit einem spannenden Höhepunkt. Nutze die Wörtersammlung.

6 Betrachte die beiden Schluss-Bilder auf Seite 51. Wähle ein Bild aus und schreibe die Geschichte passend zu Ende.

 Über den Aufbau einer Geschichte nachdenken

Echte Drachen

Brückenechsen werden bis zu 75 cm lang.
Man vermutet, dass sie 150 Jahre alt werden können.
Von ihrem dornigen Rücken kommt der Name Tuatara,
der in der Sprache der neuseeländischen Ureinwohner
Stachelrücken bedeutet. Den Tag verbringen die
grünlichen, kräftigen Tiere meist in Höhlen. Sie erbeuten Vogeleier
oder kleine Tiere wie Insekten, Vögel, Schnecken und Regenwürmer.

Kragenechsen gehören zur Familie der Agamen.
Die bräunlichen Echsen haben einen beweglichen Schwanz,
der zwei Drittel der Körperlänge ausmacht. Sie werden knapp
einen Meter lang. Ihr auffälliges Drachenmerkmal ist der
stachelige Kragen, der sie mächtiger aussehen lässt, als sie
es sind. Für Menschen sind sie nicht gefährlich.

1 Markiere in den Texten noch 14 Adjektive.

der Dorn – dornig ________________   Neuseeland – ________________

das Grün – ________________   die Kraft – ________________

das Braun – ________________   auffallen – ________________

der Stachel – ________________   die Macht – ________________

die Gefahr – ________________   bewegen – ________________

2 Schreibe Adjektive mit **-ig**, **-lich**, **-isch** zu den passenden Wörtern. Markiere die Endung.

Durst	Sonne	Art	Blut	Feind	klein
Hand	beachten	Neid	Europa	Olympia	verschwenden

-ig   -lich   -isch

3 Verbinde die Wörter mit passenden Endungen. Bilde Adjektive und schreibe sie auf.

Adjektive mit den Endungen *-ig*, *-lich*, und *-isch*
erkennen und bilden → S. 166

Der Verwandlungsdrache

1 Unterstreiche die Adjektive und ihre verwandten Wörter in der gleichen Farbe.

-bar	zahlbar,
-los	
-sam	

2 Trage die Adjektive in die Tabelle ein.

3 Finde noch weitere Adjektive mit diesen Endungen.

Schreibe mit Adjektiven möglichst lange und verrückte Sätze:
Im hitzigen Kampf besiegte der furchtlose Ritter den kopflosen Drachen.

Adjektive mit den Endungen -bar, -los, -sam bilden
→ S. 166

Ritterspiele

1 Verbinde jeden Pfeil mit der passenden Grundform.
Markiere Doppelkonsonanten, **tz** und **ck**.

bestimmen   pflücken   nicken   lassen   schlecken

brummen   passen   stellen   schützen   brennen

2 Setze Silbenbögen unter die Verben. Markiere die Doppelkonsonanten, **tz** und **ck**.
Setze einen Punkt unter den kurzen Vokal davor.

du ____

____

____

3 Bilde zu den Wörtern aus Aufgabe 2 abwechselnd die Du-Form, die Er-Form
und die Ihr-Form. du …, er …, ihr …

Übungstag

Der Ritter re______t auf den Holzdrachen zu. Er wi______ft. Seine Lanze

kna______t auf das Holz. Da kni______t sie in der Mitte ab. „So ein Mist!",

brü______t der Ritter. Er schna______t sein Schwert und ra______t es

dem Holzdrachen direkt ins Auge. „Das war dein Ende", knu______t er zufrieden.

4 Trage die fehlenden Doppelkonsonanten ein.
Achtung! Einmal darfst du nur einen Konsonanten einsetzen.

Verben mit Doppelkonsonanten in der Personalform
von der Grundform ableiten

Feuer speien – Fäuer speien?

deutlich · sich freuen · die Freude
heulen · die Leute · neu
der Teufel · teuer · keuchen
streuen · beugen · euch · euer
feucht · das Feuer · der Freund
heute · das Kreuz · neun
scheu · das Steuer · streuen
treu · das Zeugnis

Nutze eine der Möglichkeiten:
1. Lerne alle Wörter einer Wortfamilie.
2. Bilde Reimwortketten.
3. Schreibe die Wörter auf und lies, während du umhergehst.

1 Lerne die Wörter auswendig. ⟶ **Tipp**

2 Wähle fünf Wörter mit **eu**. Schreibe sie wie ein Profi ab.

3 Es gibt nur wenige Wörter, die man mit **äu** schreibt, zu denen es aber kein verwandtes Wort mit **au** gibt. Lerne sie auswendig. Beispiele: **Säule, Knäuel, sich sträuben**

Adjektive mit -ig, -lich, -isch, -los, -bar, -sam

Wie Drachensagen (vielleicht) entstanden sind

Überall auf der Welt gibt es unterhaltsame Erzählungen über Drachen.
Die Beschreibungen der seltsamen Ungeheuer ähneln sich. Manche
Wissenschaftler vermuten, dass Vorfahren des Menschen schrecklichen
Dinosauriern begegnet sind und diese die Vorbilder für Drachen abgaben.
Andere glauben, dass Funde von urzeitlichen Knochen zu diesen
Vorstellungen geführt haben. In Klagenfurt gibt es zum Beispiel ein Lind-
wurmdenkmal aus dem 16. Jahrhundert. Der Bildhauer nutzte vermutlich
den Schädel eines Wollnashorns, den man dort gefunden hatte,
als Vorbild. Außerdem gibt es einige lebendige Tiere, die als Vorbilder
für Drachen dienen können: die für Menschen harmlose Brückenechse,
der gewaltige Komodowaran oder auch das gefährliche Nilkrokodil.

1 Markiere noch acht weitere Adjektive.

Adjektive mit den Endungen -ig, -lich, -isch, -los, -bar und -sam zu finden fällt mir

_____ | 8

Adjektive mit -ig, -lich, -isch, -los, -bar, -sam

| denken | Mut | schweigen | Gefahr | Räuber | Hilfe |

denkbar ______________   ______________

______________   ______________

______________   ______________

Adjektive mit den Endungen -ig, -lich, -isch, -los, -bar und -sam zu bilden fällt mir

2 Verwandle die Nomen und Verben in Adjektive.
Denke an die Endungen **-ig**, **-lich**, **-isch**, **-bar**, **-los**, **-sam**.

_____ | 5

→ S. 166  57

Verben mit Doppelkonsonanten

Wenn ich nicht weiß, ob ein Verb in der Er-Form oder der Ihr-Form
mit einem Doppelkonsonanten geschrieben wird …

- … bilde ich die Grundform des Verbs
  und achte auf die Länge des Vokals.
- … suche ich das Verb in der Grundform im Wörterbuch.
- … schreibe ich es immer mit zwei Konsonanten.

1 Kreuze die zwei richtigen Aussagen an.

er brü**ll**____t, sie re____t, er ma____t,

er schwi____t, er ho____t, ihr ko____t,

es pa____t, er ro____t, sie bru____t, er kle____t

2 Trage die fehlenden Doppelkonsonanten ein.
Achtung! Zweimal darfst du nur einen Konsonanten einsetzen.

Heraus-
zufinden, wie
man ein Wort
schreibt,
fällt mir

____ | 3

Doppel-
konsonanten
mithilfe der
Grundform
zu finden
fällt mir

____ | 9

Wörter mit eu oder äu

- Ich überlege, ob es ein au-Wort dazu gibt.
- Ich überlege, ob es ein ä-Wort dazu gibt.
- Ich überlege, ob ich ein Wort aus der Wortfamilie kenne.
- Ich überlege, ob ich ein Reimwort dazu kenne.
- Ich überlege, welche Wortart das Wort hat.

3 Wie kannst du herausfinden, ob man ein Wort mit **eu** oder **äu** schreibt?
Kreuze alle richtigen Antworten an.

Fr✳✳nd   F✳✳er   H✳✳ser

Freund: Es gibt kein au-Wort, aber ich kenne
das Wort Freundschaft.

Heraus-
zufinden, ob
man ein Wort
mit eu oder
äu schreibt,
fällt mir

____ | 5

Heraus-
zufinden, wie
man ein Wort
schreibt,
fällt mir

____ | 2

4 Schreibe deine Überlegungen zu den Beispielen auf.

Eine Sage und eine Legende kennen lernen

a) Wo lebte Siegfried?
b) Warum kam Siegfried zu Mime?
c) Welchen Beruf hatte Mime?
d) Warum wollte Siegfried Schmied werden?
e) Wie kam Siegfried zu seiner panzerartigen Haut?

ja   nein

1 Lies die Sage auf Seite 58 im Basisbuch.
Kannst du diese Fragen mithilfe des Textes beantworten? Kreuze an.

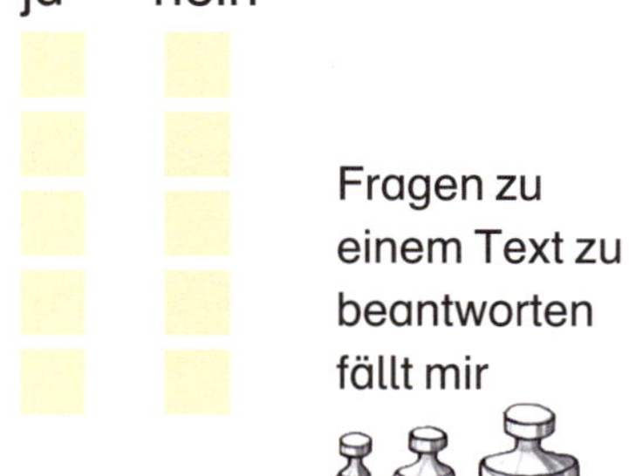

_____ | 5

Adjektive mit -bar, -ig, -isch, -lich, -sam

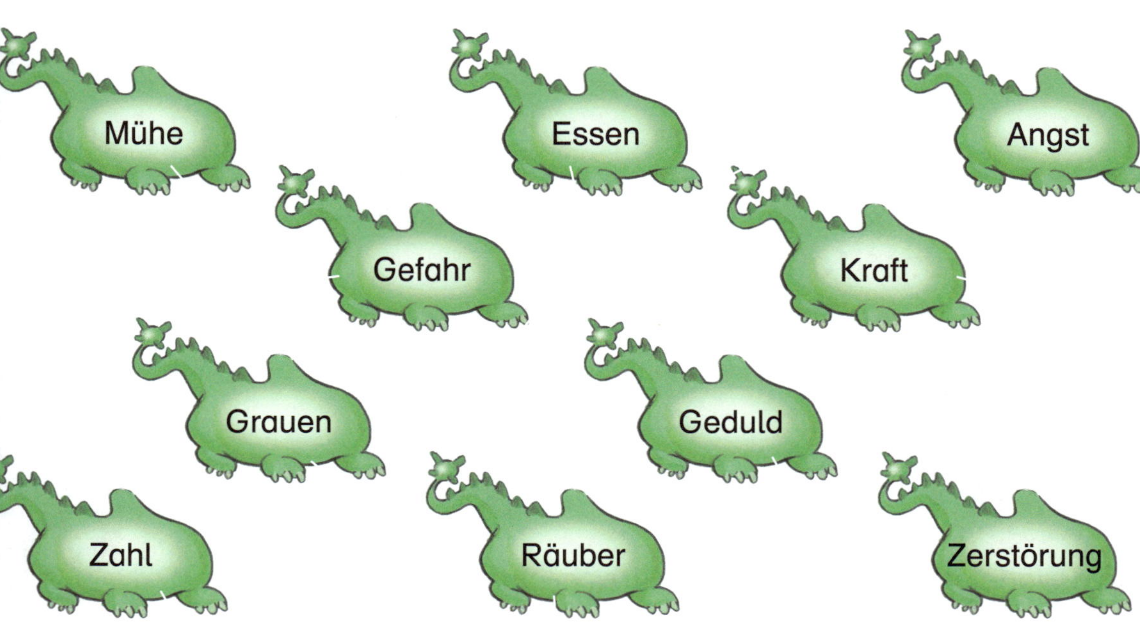

____

____

____

Aus Nomen
Adjektive
zu bilden
gelingt mir

2 Verbinde die Nomen mit den passenden Endungen.
Schreibe die Adjektive auf.

_____ | 10

Wörter mit eu und äu

n ✶ ✶ n   Fr ✶ ✶ nde   L ✶ ✶ te   F ✶ ✶ er   str ✶ ✶ ten   sch ✶ ✶ mte

Ein Drache spie heißes _______________ . Die _______________

schrien vor Angst auf. Der Drache _______________ vor Wut.

_______________ Dorfbewohner waren gute _______________

und vertrauten einander. Sie _______________ dem Drachen Sand

in die Augen. So vertrieben sie das böse Tier.

Die richtige Schreibweise von Wörtern herzuleiten fällt mir

_____ | 6

(1) Ergänze die fünf Wörter mit **eu** und das Wort mit **äu**.
Schreibe sie in die Lücken.

Nachschlagen im Wörterbuch

Witz / Wiz  S. _______   Satz / Saz  S. _______

wintzig / winzig  S. _______   stoltz / stolz  S. _______

Kreutz / Kreuz  S. _______   Katze / Kaze  S. _______

Wörter gezielt im Wörterbuch nachzuschlag gelingt mir

_____ | 12

(2) Schlage die Wörter im Wörterbuch nach. Streiche das falsche Wort durch.
Notiere die Seitenzahl.

Diese Tipps möchte ich dir geben:

Fragen zu einem Text überlegen
- Du stellst gezielt Fragen zu einem Text.
- Beschäftige dich mit dem Text Satz für Satz.
- _______________________

Adjektive mit -bar, -ig, -isch, -lich, -sam
- Adjektive / Nomen ordnest du sicher zu.
- Achte bei der Zuordnung auf den Wortstamm.
- _______________________

Wörter mit eu und äu
- Du schreibst **äu-** / **eu**-Wörter richtig.
- Finde für **eu**-Wörter andere Wörter aus der Wortfamilie.
- _______________________

Nachschlagen im Wörterbuch
- Du schlägst sicher nach.
- Wenn du ein Wort bei **z** nicht findest, schlage bei **tz** nach.

→ S. 182

Mädchen und Jungen

Nicht drücken

Siri schaute immer noch
aus dem Fenster. Rufus
hatte sich wieder beruhigt.
Der klobige Hund lag auf
5 der Wiese, die Ohren
aufgerichtet. Sowie jemand
anderes an seinem Grund-
stück vorbeikäme, würde
er wieder pflichtbewusst
10 aufspringen und wütend
bellen.

1) Welches Bild gehört zu der Textstelle? Kreuze an.

Siri sah nach links, von wo Ivana kommen
würde. Noch aber war sie nicht in Sicht.
Und dann bemerkte Siri plötzlich etwas
15 Merkwürdiges: Gegenüber, auf der
anderen Straßenseite, stand eine Frau,
die Siri noch nie gesehen hatte. Wo war
die denn plötzlich hergekommen? Die Frau
war auffällig blass und strohblond.
20 Und sie trug einen Kimono!
Das japanische Kleid wirkte sehr komisch
an ihr, weil diese Art von Kleid ja üblicher-
weise von dunkelhaarigen Asiatinnen und
nicht von bleichen Blondinen getragen
25 wird. Und in der kleinen Stadt gab es
außer der Familie, der das Chinarestaurant
am Marktplatz gehörte, keine Asiaten.
Der Kimono war knallbunt und mit einem
Muster versehen, das an Blumenranken
30 erinnerte. Die Frau sah aus, als würde sie
zum Fasching gehen wollen.

Gernot Gricksch

2) Markiere im Text die Textstellen, die beschreiben, wie die Frau aussieht.
Vervollständige das Bild.

Textstelle dem Bild zuordnen, eine Textstelle illustrieren

Nicht drücken (Fortsetzung)

Ole setzte sich auf die Bank, die ganz
hinten an der Wiese unter einer großen
Kastanie stand. Das tat er öfter, wenn er
wütend war oder wenn er nachdenken
5 musste. Hier hatte er seine Ruhe.
Ole hatte sich gerade hingesetzt,
als Luzie auf ihn zugelaufen kam.
Luzie war eine rot getigerte Katze,
die so fett wie freundlich war. Luzie strich
10 Ole um die Beine.
„Miau!", machte Luzie, und Ole hob sie
hoch.

Er setzte Luzie auf seinen Schoß und
kraulte sie. Unverzüglich begann Luzie
15 zu schnurren und streckte auf Oles
Schoß alle viere von sich. Oles Laune
verbesserte sich schlagartig.
„Die ist kaputt", sagte plötzlich eine
Frauenstimme, und Ole schreckte zu-
20 sammen. Direkt neben ihm stand eine
Frau. Wo war die denn so plötzlich hergekommen? Sie war blass, blond und trug
einen Kimono. Sie sah echt seltsam aus.

Gernot Gricksch

3 Markiere Textstellen, die du gut als Bild darstellen könntest.

4 Gestalte nach den Informationen im Text ein passendes Bild.

Einen Text bildlich umsetzen

Erich Kästner: Der 35. Mai

Diese herrlich verrückte Unsinnsgeschichte ist einer der beliebtesten Kinderromane von Erich Kästner. Isabel Kreitz hat daraus einen Comic gemacht.

① **Es war am 35. Mai.** Und da ist es natürlich kein Wunder, dass sich Onkel Ringelhuth über nichts wunderte. Außerdem war Donnerstag. Onkel Ringelhuth hatte seinen Neffen Konrad von der Schule abgeholt, und jetzt liefen beide die Glacisstraße entlang. Konrad sah bekümmert aus. Der Onkel merkte nichts davon, sondern freute sich aufs Mittagessen.

② Na ja, sie liefen also die Glacisstraße lang, und der Onkel sagte gerade: „Was ist denn mit dir los?" Da zupfte ihn jemand am Jackett. Und als sich beide umdrehten, stand ein großes schwarzes Pferd vor ihnen und fragte höflich: „Haben Sie vielleicht zufällig ein Stück Zucker bei sich?" Konrad und der Onkel schüttelten die Köpfe.

③ Nach dem Essen guckten sie erst mal eine Viertelstunde aus dem Fenster und warteten, dass ihnen schlecht würde. Aber es wurde nichts draus.
Und dann klingelte es. Der Junge rannte hinaus, öffnete und kam blass zurück. „Das große schwarze Pferd steht draußen", flüsterte er.

④ Das Pferd blickte die beiden mit seinen großen ernsten Augen verlegen an. „Sie waren mir von allem Anfang an so sympathisch", sagte es.
„Gestatten Sie, dass ich mich vorstelle, ich heiße Negro Kaballo! Ich trat bis Ende April im Zirkus Sarrasani als Rollschuhnummer auf."

1 Welches Bild gehört zu welcher Textstelle? Schreibe die Nummern dazu.
Achtung! Ein Bild und eine Textstelle passen nicht zueinander.

2 Zeichne das fehlende Bild zum Text.
Oder: Schreibe den fehlenden Text zum Bild.

Liebste Freizeitaktivitäten

Kinder zwischen sechs und dreizehn Jahren wurden befragt, was sie in ihrer Freizeit am liebsten machen.

48 % Mädchen h
48 Mädchen von

Liebste Freizeitaktivitäten 2012 – bis zu drei Nennungen –

a) 58 % der Mädchen treffen sich in der Freizeit gern mit Freunden.
b) 40 % der Jungen sehen in der Freizeit gern fern.
c) In der Freizeit spielen 43 % der Jungen gern draußen.

1 Markiere die Angaben im Diagramm.

	stimmt	stimmt nicht
a) Mädchen lesen in ihrer Freizeit lieber Bücher als Jungen.		
b) Jungen treiben in ihrer Freizeit weniger Sport als Mädchen.		
c) Es spielen weniger Mädchen als Jungen draußen.		

2 Lies das Diagramm. Kreuze an.

a) Welches ist die beliebteste Freizeitaktivität bei den Jungen?

____

b) Welche Freizeitaktivität wurde bei Mädchen und Jungen fast gleich bewertet?

____

c) Welche Freizeitaktivität ist bei den Mädchen am unbeliebtesten?

____

3 Beantworte die Fragen mithilfe des Diagramms.

Führt eine eigene Befragung zu eurem Freizeitverhalten durch.
Stellt das Ergebnis in einem Diagramm dar.

Bücher, Bücher …

Lena stellt ihr Lieblingsbuch vor.

Siri und Ole heißen die Hauptpersonen in meinem Lieblingsbuch.
Siri heißt eigentlich Sigrid, den Namen findet sie aber ätzend
und altmodisch. So taufte sie sich als Siebenjährige in Siri um.
Inzwischen ist sie elf Jahr alt und kein typisches Mädchen. Sie liebt
Fußball, Science-Fiction-Bücher und Actionfilme. Ihre Freundin
heißt Ivana. Ole ist zwölf Jahre alt und lebt bei seiner Mutter.
Seine besten Freunde sind Jan und Tarik. Alle gehen in eine Klasse.

1 Lies den Text. Markiere alle genannten Personen.

Siri und Ole leben in einer kleinen Stadt. Eines Tages treffen beide eine merkwürdige Kimonofrau. Die ist irgendwie verrückt und sagt ungewöhnliche Dinge. Die Kimonofrau ist manchmal ganz plötzlich da – sogar in der Schule. Aber genauso plötzlich, wie sie auftaucht, ist sie gleich wieder verschwunden. Schließlich erhalten beide ein Paket. Sie treffen sich gemeinsam mit Ivana bei Ole zu Hause, um die Pakete zu öffnen, und entdecken zwei gleiche metallene Kästen, die sind glänzend lackiert und obendrauf befindet sich ein großer, roter Knopf. Schließlich erhalten sie noch ein Zettelröllchen mit nur drei Wörtern: BITTE NICHT DRÜCKEN! Doch Ivana hält sich nicht an diese Warnung, sie drückt auf beide Knöpfe und die verdrehte Welt beginnt. Alle benehmen sich genau anders als vorher: Jungen wie Mädchen, Frauen wie Männer, Hunde wie Katzen. Die ganze Welt scheint verrückt zu sein. Außer Siri, Ole und Ivana. Schaffen sie es, den Zauber aufzulösen? Das verrate ich nicht.

Wer?   Wo?   Was?   Wann?

2 Welche Fragen hat Lena in ihrer Zusammenfassung beantwortet?
Markiere im Text und kreuze an.

3 Welche Fragen können bei einer Buchvorstellung auch wichtig sein? Schreibe auf.

Wähle ein Buch aus und verfasse eine Buchvorstellung.

Seite 76
im Basisbuch
hilft dir.

Tanzen – ein Sport für Mädchen und Jungen?

Lea und Tom aus der Klasse 4 a planen einen Beitrag für ihr Klassenfest.

1 Lies die Sprechblasen.
Nummeriere sie so, dass ein Gespräch entsteht.

Tom: ____

____

____

____

____

____

____

____

2 Schreibe das Gespräch zwischen Lea und Tom als Dialog.

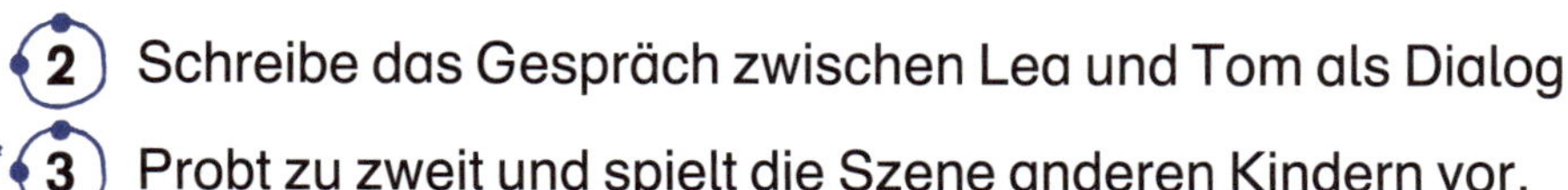

3 Probt zu zweit und spielt die Szene anderen Kindern vor.

   Ein Gespräch / Einen Dialog verfassen

Neu in der Klasse

Subjekt   Was tut?   Wer?

Was?   Was geschieht?   Prädikat

1 Was gehört zusammen? Markiere in der gleichen Farbe.

Die Lehrerin begrüßt den neuen Mitschüler.

Frage nach dem Subjekt: Wer oder was begrüßt den neuen Mitschüler? die Lehrerin

Frage nach dem Prädikat: Was tut die Lehrerin? Sie begrüßt.

Alex spielt bestimmt gut Basketball.

____

____

____

Zwei Mädchen schreiben Alex kleine Briefchen.

____

____

____

____

2 Frage in jedem Satz nach Subjekt und Prädikat. Schreibe Frage und Antwort auf. Markiere Subjekt und Prädikat in unterschiedlichen Farben.

Ich zeige Alex die Schule.

Alex hat viele Sommersprossen.

Mich beeindruckt der Neue überhaupt nicht.

3 Markiere das Subjekt und das Prädikat in unterschiedlichen Farben.

Finde eigene Sätze und markiere das Subjekt und Prädikat.

→ S.172

An der Garderobe

a) Maiks Schuhe fliegen im Treppenhaus herum.

Was tun Maiks Schuhe im Treppenhaus? herumfliegen

b) Julia hängt ihren Mantel auf.

____

c) Aus dem Sportbeutel purzeln die Sportschuhe heraus.

____

d) Timo zieht seine Hausschuhe an der Garderobe aus.

____

e) Lena und Timo räumen das Schuhregal auf.

____

1 Frage nach dem Prädikat und schreibe die Antwort dazu. Markiere das geteilte Prädikat.

____

____

____

____

2 Bilde selbst mindestens drei Sätze mit geteilten Prädikaten. Markiere sie.

  Forsche nach: Wo steht im Satz immer der zweite Teil des zweigeteilten Prädikats?

Gleiches Recht für alle Kinder

Marleen will zur Jugendfeuerwehr

Marleen möchte bei der Jugendorganisation der Freiwilligen Feuerwehr mitmachen,

eine Uniform tragen, sich mit den anderen treffen und bei Übungen die Löschspritze

halten. Doch der Feuerwehrhauptmann will Mädchen nicht dabeihaben.

„Was willst du? Oh nee! Du bist ein Mädchen und Mädchen sind nicht stark genug."

Marleen ist enttäuscht, ärgerlich, wütend und verzweifelt. Aber sie gibt nicht auf.

Sie beschwert sich beim Kreisbrandinspektor.

1 Markiere die Satzzeichen Punkt, Fragezeichen, Ausrufezeichen und Komma.

„Das ist nicht fair   Alle Kinder haben die gleichen Rechte

Wieso darf ich nicht bei der Jugendfeuerwehr mitmachen

Es ist doch egal, ob ich ein Junge oder ein Mädchen bin   aus welchem Land

ich stamme   welche Hautfarbe ich habe oder welche Sprache ich spreche   "

Der Kreisbrandinspektor gibt ihr recht   Marleen darf auch zur Feuerwehr

Endlich

Sie freut sich auf den ersten Tag   Endlich kann sie die anderen kennen lernen

einen Löschzug erforschen   für einen Einsatz proben und dabei sein.

2 Setze Punkt, Komma, Fragezeichen und Ausrufezeichen passend ein.

Überprüfe die Zeichensetzung in einem eigenen Text.

Satzzeichen erkennen, fehlende
Satzzeichen einsetzen → S. 183, 188

69

Klassenfahrt

Endlich ist die Klasse 4 a in Berlin angekommen. Alle gehen auf ihre Zimmer
und richten sich ein. Jonas packt seine T-Shirts und Jeans in den Schrank.
Bevor sich alle am Haupteingang treffen sollen, geht er noch einmal auf die Toilette.
Um lange laufen zu können, zieht Jonas seine Sneakers an.
Dann machen sie sich auf den Weg in die City.

1 Markiere im Text die fünf Fremdwörter.

Wort	Kon-trolle	Wort (auswendig)	Kon-trolle	Korrektur, wenn nötig
_________	___	_________	___	_________
_________	___	_________	___	_________
_________	___	_________	___	_________
_________	___	_________	___	_________
_________	___	_________	___	_________

2 Übe die fünf Fremdwörter.
a) Schreibe das Fremdwort in die erste Spalte.
b) Schreibe das Fremdwort auswendig in die zweite Spalte.
c) Kontrolliere mit der Vorlage.
   Wenn ein Wort falsch ist, schreibe es richtig in die dritte Spalte.
d) Markiere die schwierige Stelle.

```
G L A L P H A B E T I L S T R O P H E G N P O
L E X I K O N W X T L E X P L O S I O N M Y L
U T H E R M O M E T E R B A P P E T I T G H K
M O V B G K E T L A D G B C H Z O L K N D U L
S C H L R H Y T H M U S G R U P A R T I K E L
C A M P I N G B N A S X A T T E S T V F K L O
```

3 Finde noch neun Fremdwörter. Markiere.

4 Ordne die Fremdwörter nach dem Alphabet.
Schreibe sie mit Artikel auf.

Fremdwörter richtig schreiben → S. 177, 178

Subjekt und Prädikat

Heute arbeiten einige Kinder mit Holz.

Tom und Pia malen mit Deckfarben große Bilder.

Charlie und Batol knüpfen Freundschaftsbänder.

Wer oder was? ________________________

Was tun ________________________

____

____

____

____

Subjekt und Prädikat zu erkennen finde ich .

1 Finde in den Sätzen Subjekt und Prädikat.
Markiere sie in unterschiedlichen Farben.
Schreibe die Fragen nach Subjekt und Prädikat und die Antworten auf.

_____ | 6

Geteiltes Prädikat

vorlesen: Oma liest den Zwillingen ein Märchen vor.

abschreiben: ________________________

weglaufen: ________________________

vorgehen: ________________________

ausleihen: ________________________

anschauen: ________________________

Sätze mit geteiltem Prädikat zu bilden finde ich .

2 Bilde Sätze mit den geteilten Prädikaten.
Markiere beide Teile in der gleichen Farbe.

_____ | 5

→ S. 172

71

Satzzeichen

Ein Tag als Junge

Mein Wecker rasselt und ich springe wie immer aus dem Bett .

Doch was ist das   Mein Zimmer sieht nicht mehr aus wie gestern

Alles liegt durcheinander: Hosen   T-Shirts   Socken   Pullover

und Jacken   Auch mein Schreibtisch und meine Schultasche haben

sich verändert   Plötzlich ruft meine Mutter: „Peter, beeil dich

Gleich musst du los   " „Hilfe   Ich bin ein Junge   Wie ist das

passiert   Hoffentlich ist das nur ein Traum   "

1 Setze die fehlenden Satzzeichen ein.

Satzzeichen
einzusetzen
finde ich

____ | 12

Fremdwörter richtig schreiben

Trikot   ~~Thema~~   Training   Thermometer   Toast   Toilette

1. das Thema   4. ________________

2. ________________   5. ________________

3. ________________   6. ________________

2 Ordne die Fremdwörter nach dem Alphabet.
Notiere sie mit Artikel und markiere schwierige Stellen.

Fremdwörter
zu schreiben
finde ich

____ | 10

~~subtrahieren~~   Addition   Adjektiv   Multiplikation   Präsens

Division   Perfekt   Nomen

Mathematik: subtrahieren, ______________________________

____

Deutsch: ____________________________________

____

Fremdwörter
zuzuordnen
fällt mir

3 Ordne die Fremdwörter den Fächern **Deutsch** und **Mathematik** zu.

____ | 7

    → S. 177, 178, 183, 188

Diagramme lesen

Zusammensetzung des schulischen Abfalls

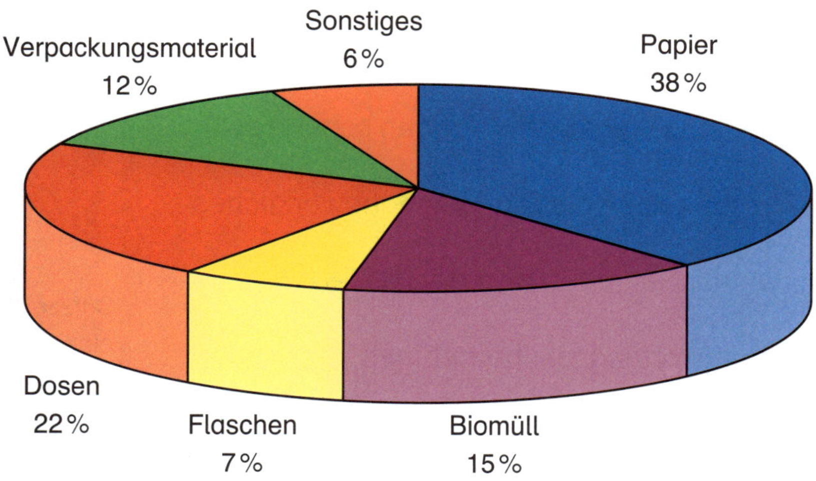

☐ Es gibt am wenigsten Verpackungsmaterial im Müll.

☐ Der Müll besteht zum größten Teil aus Papier.

☐ Im Müll finden sich mehr Verpackungen als Biomüll.

☐ Es finden sich mehr Dosen als Flaschen im Müll.

☐ Papier und Biomüll machen mehr als die Hälfte des Schulabfalls aus.

Die Inhalte eines Diagramms zu erfassen fällt mir

____ | 5

1 Lies das Tortendiagramm.
Kreuze die richtigen Aussagen an.

Subjekt und Prädikat

Als Polizist überführt Till später Straftäter.

Sicher mauert Cedric als Maurer viele Wände.

Caro hilft in einigen Jahren kranken Tieren.

Piloten sind die Vorbilder bei Karstens Berufswahl.

Lucia lehrt Kinder als Lehrerin das Abc.

Als Fußballer oder Rennfahrer trainieren Avni und Ayhan viel draußen.

Subjekte und Prädikate zu erkennen fällt mir

____ | 12

2 Markiere die Subjekte und Prädikate in unterschiedlichen Farben.

→ S. 146  **73**

Satzzeichen

Die „Traumberufe" von Jungen sind Polizist   Fußballspieler

Techniker oder Handwerker   Mädchen möchten gerne Ärztin

Lehrerin   Friseurin oder Künstlerin werden   Jungen scheint es

vor allem um Anerkennung   das Leben als Star und handwerkliches

Arbeiten zu gehen   Mädchen reizt es   anderen zu helfen

Schönes zu tun und soziale Verantwortung zu übernehmen

Stimmt das

1 Setze die fehlenden Satzzeichen passend ein.

Satzzeichen
einzusetzen
finde ich

____ | 12

Nachschlagen im Wörterbuch

_______________ S. ______

_______________ S. ______

_______________ S. ______

_______________ S. ______

_______________ S. ______

Fremdwörter
im Wörter-
buch zu
finden fällt
mir

2 Schlage im Wörterbuch nach. Notiere die Seitenzahl.    ____ | 5

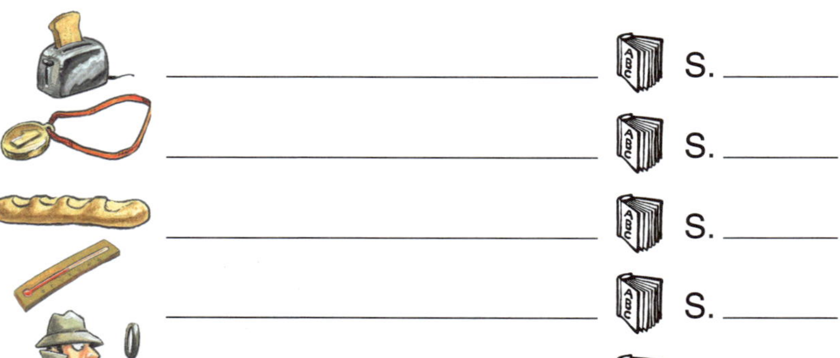

Diese Tipps möchte ich dir geben:

Diagramme lesen

☐ Du kannst Diagramme lesen.

☐ Achte auf die Größe der „Tortenstücke".

☐ _______________________________

Subjekt und Prädikat

☐ Subjekt und Prädikat findest du sicher.

☐ Subjekt: **Wer?** oder **Was?**
Prädikat: **Was tut?** oder **Was geschieht?**

☐ _______________________________

Satzzeichen

☐ Du setzt die Satzzeichen sicher ein.

☐ Denke an das Komma bei Aufzählungen.

☐ _______________________________

Nachschlagen im Wörterbuch

☐ Du schlägst sicher nach.

☐ Achte genau auf die Schreibung
beim Nachschlagen.

☐ _______________________________

   → S. 183, 188

Strom überall

Blitz und Donner

Auch schon in früheren Zeiten haben sich die Menschen für Blitz und Donner interessiert und sich davor gefürchtet. Einige glaubten, dass Götter die Blitze als Drohung oder Rache schickten. So deuteten die Germanen Blitze als Zeichen dafür, dass der Gott Thor seinen Hammer zur Erde geworfen hatte. In Griechenland hielt man Blitze für flammende Speere, die der Göttervater Zeus herabschleuderte. Einige indianische Stämme glaubten, dass ein geheimnisvoller Riesenvogel mit blitzenden Federn und donnerndem Flügelschlag die Gewitter brachte.

Heute wissen wir – dank der Wetterforschung – etwas besser, wie ein Gewitter entsteht. Gewitter gibt es dann, wenn gleichzeitig die Sonne den Erdboden erwärmt und viele winzige Wassertropfen die Luft feucht machen. Die feuchtwarme Luft steigt auf, wenn eine kalte Luftschicht von der Seite auf die warme Luft trifft. Der so entstandene Wind wirbelt die kleinen Wassertröpfchen in der Luft durcheinander. Dabei entsteht eine elektrische Spannung. Die Spannung steigt und entlädt sich dann in Lichtblitzen. Der Strom aus einem Blitz erhitzt die Luft sehr stark und dehnt sie dabei aus. Donner entsteht, wenn sich die Luft nach kürzester Zeit wieder abkühlt und dabei zusammenzieht.

Die Entfernung des Gewitters berechnen   **Gewitter im Gebirge**

Wie ein Gewitter entsteht   **Das dachte man früher**

1 Ordne jedem Textabschnitt die passende Überschrift zu. Es passen nur zwei.

Den Beweis dafür, dass ein Blitz ein riesiger elektrischer
Funken ist, wollte Benjamin Franklin 1752 in einem Versuch
liefern. Er montierte an die Spitze eines Drachen ein Stück
Strom leitendes Metall und befestigte am Ende der Schnur
einen Schlüssel. Den Drachen ließ er in Gewitterwolken
steigen. Als Funken aus dem Schlüssel sprangen, war das
der Beweis. Der Blitz hatte Elektrizität an die Drachenspitze
aus Metall abgegeben und diese wurde durch die nasse
Schnur bis nach unten zum Schlüssel geleitet. Daraufhin
hatte Franklin die Idee, Blitze über Metall in den Boden
zu leiten, damit sie nicht in Häuser einschlagen. So erfand
er den Blitzableiter.

Wenn man sich im Freien aufhält und nicht rechtzeitig in
Sicherheit bringen kann, sollte man bestimmte Verhaltens-
regeln beachten. Blitze schlagen oft in hohe, frei stehende
Gegenstände ein. Deshalb soll man sich nicht unter Bäume
stellen oder in der Nähe von hohen Türmen oder Strom-
masten aufhalten. Man soll in die Hocke gehen und die
Füße eng nebeneinanderstellen, so dass sie sich berühren.
Die Arme sollte man um den Kopf schlingen und den Kopf
gesenkt halten. Schwimmbäder, Seen oder Badestellen muss
man bei einem Gewitter unbedingt verlassen, da Wasser
auf elektrischen Strom eine anziehende Wirkung hat.
Auch das Fahrrad sollte man in einiger Entfernung abstellen.
Metall wirkt ebenfalls anziehend und leitet Strom.
In einem Auto ist man jedoch geschützt. Es ist
wie ein geschlossener Käfig, der die Blitze abwehrt.
Einen solchen Käfig nennt man „Faraday'schen
Käfig" nach dem Wissenschaftler, der dies
herausgefunden hat.

2 Finde selbst zu jedem Textabschnitt eine passende Überschrift.

 Was passiert den Reisenden in einem Flugzeug,
wenn es von einem Blitz getroffen wird? Begründe.

 Ist es sinnvoll, sich auf einen Metallkoffer zu stellen? Begründe.

Elektrisierter Trinkhalm

Material:
1 Plastiktrinkhalm
1 Blatt Papier
1 Wolltuch oder Wollpullover

Durchführung:
Reibe den Plastiktrinkhalm sehr kräftig
an einem Wolltuch oder einem Wollpullover.
Halte das Blatt am oberen Rand in die Luft.
Halte den Plastikhalm an das Papier.

1 Markiere die Materialien, die du benötigst.

Vermutung:

____

____

2 Vermute, was passiert, wenn du den Plastikhalm jetzt loslässt.

Beobachtung:

____

____

3 Führe den Versuch durch. Notiere deine Beobachtungen.

Erklärung:

____

____

4 Erkläre, was du beobachtet hast.

Finde heraus, was an einer Steinwand oder an einem dünn fließenden Wasserstrahl
mit dem Plastiktrinkhalm passiert. Schreibe deine **Vermutung**, **Beobachtung**
und **Erklärung** auf.

Eine Anleitung in Handlung umsetzen /
ein Versuchsprotokoll ausfüllen

Zitronenradio?

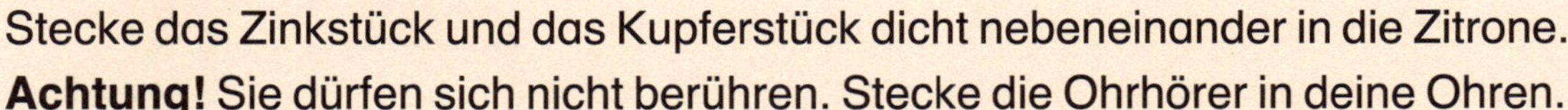

Material:
1 Zitrone
1 Zinknagel oder Zinkscheibe
1 Ein-Cent-Stück oder Kupferscheibe
1 Paar Ohrhörer

Durchführung:
Stecke das Zinkstück und das Kupferstück dicht nebeneinander in die Zitrone.
Achtung! Sie dürfen sich nicht berühren. Stecke die Ohrhörer in deine Ohren.

1 Markiere die Materialien, die auf dem Bild benutzt werden.

Vermutung: _______________________________

____

2 Vermute, was passiert, wenn du den Stecker des Ohrhörers
gleichzeitig an das Zinkstück und an das Kupferstück hältst.

Beobachtung: _______________________________

____

3 Führe den Versuch durch. Notiere, was du beobachtest und was du hörst.

Erklärung: _______________________________

____

____

____

4 Erkläre, was du beobachtet hast. **Oder:** Suche eine Erklärung im Internet
unter **www.helles-koepfchen.de** unter dem Stichwort „Zitronenbatterie".

Finde heraus, ob auch bei anderem Obst etwas zu hören ist.
Schreibe deine **Vermutung**, **Beobachtung** und **Erklärung** auf.

 Eine Anleitung in Handlung umsetzen /
ein Versuchsprotokoll ausfüllen

Umgang mit Strom: nützlich und gefährlich

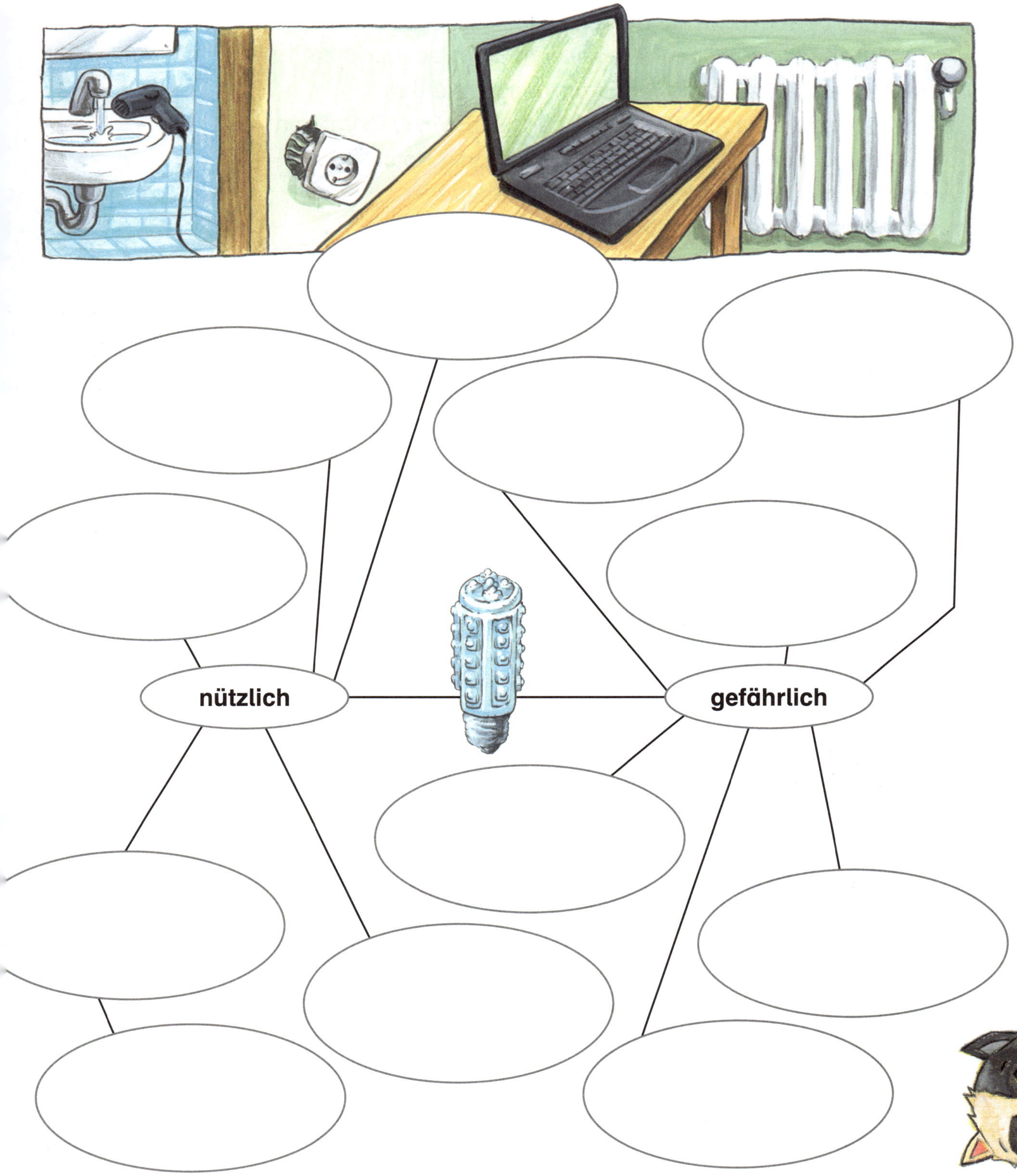

nützlich

gefährlich

1. Schaut euch das Bild an. Findet Beispiele. Tragt sie in den **Cluster** ein.

2. Schreibt eigene Beispiele dazu.

Schreibe einen Sachtext mit den gesammelten Stichwörtern.

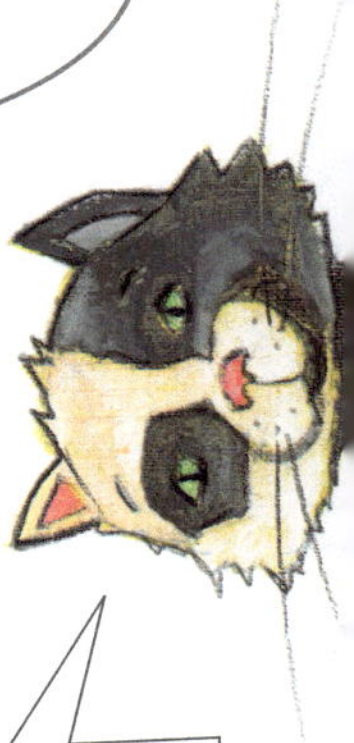

Einen Cluster erstellen → S. 160

Die Kraft des Windes nutzen

Der Wind bewegt nicht nur Blätter, sondern kann z. B.
als Sturm starke Schäden verursachen. Die Windkraft kann
aber auch zur Erzeugung von Strom genutzt werden.
Dazu konstruierte man Windkrafträder, auch Windgeneratoren
genannt. Der drehbare Teil des Windrades, der Rotor,
wird durch Wind bewegt. Diese Drehbewegung wird
in elektrische Energie (= Strom) umgewandelt.
Nachteil: Windräder sind eine Gefahr für Vögel und
Fledermäuse. Man kann nur dann Strom erzeugen,
wenn Wind weht.
Vorteil: Wind ist kostenlos. Es entstehen bei der Herstellung
von Strom keine Abgase oder Abfälle. Das ist umweltfreundlich.
In Gegenden, in denen häufig Wind weht, werden oft viele Windkrafträder aufgestellt.
Man nennt sie Windparks. Wenn die Fundamente der Windkrafträder im Meer stehen,
nennt man sie Offshore-Windparks.

1 Lies den Text. Welche Informationen erhältst du über Windkraft?
Markiere.

Seit vielen Tausend Jahren nutzen die Menschen
die Kraft des Windes.
Sie entdeckten, wie sie sich mit der Windkraft fortbewegen
konnten. Und so segelten die Ägypter schon 1500 Jahre v. Chr.
über das Mittelmeer.
Außerdem erfanden die Menschen eine Möglichkeit,
sich schwere Arbeiten zu erleichtern.

2 Wie nutzten die Menschen früher die Kraft des Windes? Markiere.
Schreibe dann einen Informationstext.
Schon früher nutzten die Menschen die Windkraft. Sie …

Informationen in Sachtexten finden /
selbst einen Informationstext verfassen → S. 159

91

Vögel unter Strom

Sie leuchtet – sie leuchtete, sie fasst – sie fasste, er fließt – er floss, sie lässt – sie ließ

1 Markiere alle Verben im Präsens grün, im Präteritum blau.

Vögel, die **umherfliegen**, setzen sich auch auf Hochspannungsleitungen. Und wie der Name schon sagt,
hat eine solche Leitung eine sehr hohe Spannung.
Sie ist fast 1000-mal höher als die, die aus der Steckdose kommt. Ein Vogel kann jedoch gefahrlos auf
einer Hochspannungsleitung landen, solange er nur
ein Drahtseil berührt. Streift er aber mit einem Körper-
teil den Mast oder eine zweite Leitung, bildet das Tier sozusagen eine Brücke.
Hohe Spannung (Strom) fließt durch den Vogel und er stirbt.
Hochspannungsleitungen waren immer wieder die Ursache für den Tod von großen

Vögeln. Im vergangenen Herbst starben einige Störche und
größere Raubvögel, weil sie mit ihren langen Schwanzfedern
eine zweite Leitung streiften. Dabei bildeten die Vögel eine
Verbindung zwischen den beiden Kabeln. Die hohe
Spannung führte dazu, dass durch die Vögel Strom floss.
Sie fielen tot herunter.

2 Markiere noch zwölf Verben im Präsens und sieben Verben im Präteritum
in verschiedenen Farben.

Präsens (Gegenwart) mit Pronomen	Präteritum (Vergangenheit) mit Pronomen	Grundform
sie fliegen umher	sie flogen umher	umherfliegen

3 Trage drei Verben in die richtige Spalte ein
und ergänze die fehlenden Formen.

Lege eine Tabelle wie in Aufgabe 3 an.
Finde selbst mindestens fünf Verben.

Verben in verschiedenen Personal-
und Zeitformen verwenden  

Köln bei Nacht

Die Klasse 4 b sitzt im Morgenkreis und Lisa erzählt von ihren Erlebnissen am Wochenende.

„Ich habe meinen Onkel Günter in Köln besucht. Am Freitagabend sind wir zum Kölner Dom gegangen. Als wir endlich angekommen sind, haben wir die angestrahlten Spitzen der Türme gesehen. Nach und nach haben wir ganz viele kleine Figuren entdeckt. Manche haben
5 im Dunkeln ganz schön gespenstisch ausgesehen. Mein Onkel hat die Eintrittskarten bezahlt und dann sind wir über 500 Stufen in den Turm hinaufgestiegen. Ganz außer Atem haben wir die Plattform erreicht. Aber dann hat uns der Ausblick beeindruckt. Tausende von Lichtern haben die Straßen und Gebäude beleuchtet. Da hat Onkel Günter mir vom letzten Stromausfall erzählt. Das hat sich
10 ganz schön gruselig angehört. Ich bin total froh gewesen, dass die Lampen überall funktioniert haben. Zu Hause haben wir den Zeitungsartikel ausgeschnitten und ich habe ihn heute mitgebracht."

1 Markiere die 16 Verben im Perfekt.

Mehrere Stadtteile ohne Strom

Gestern fiel in mehreren Stadtteilen für eine halbe Stunde der Strom aus. Ursache war ein Kurzschluss in einem Umspannwerk. In vielen Teilen der Stadt gingen deshalb die Lichter aus. Viele Kölner verständigten die Polizei und überlasteten so die Notrufleitungen. Die Feuerwehr befreite mehrere Menschen aus Fahrstühlen, die plötzlich feststeckten. Am schlimmsten traf der Stromausfall den Straßenverkehr, da die Ampeln ausfielen. Zum Glück kam es nicht zu großen Unfällen. In mehreren Hochhäusern sprangen die Notstromversorgungen an.

Kölnische Morgenpost

2 Markiere noch zehn Verben im Präteritum.

Grundform	Perfekt mit Pronomen	Präteritum mit Pronomen
besuchen	ich habe besucht	ich besuchte
ausfallen	er ist ausgefallen	er fiel aus

3 Trage noch acht Verben aus den Texten 1 und 2 in eine Tabelle ein.

Schreibe Lisas Text als Tagebucheintrag im Präteritum.

Verben in verschiedenen Personal- und Zeitformen verwenden → S. 168

Vorsichtsmaßnahmen beim Umgang mit Strom

Elektrizität spielt in unserem Alltag eine große Rolle.
Deshalb muss man wichtige Vorsichtsmaßnahmen ergreifen.

- Außer Steckern gehört nichts in die Steckdose.

- Fasse nie Geräte mit beschädigtem Kabel an, die an den Strom
  angeschlossen sind. Der Strom kann durch deinen Körper fließen.

- Benutze niemals elektrische Geräte in der Badewanne.
  Wasser ist ein guter Leiter.

- Bastle niemals an defekten elektrischen Geräten,
  wenn sie an den Strom angeschlossen sind.

- Lasse niemals einen Drachen in der Nähe von Hochspannungsleitungen steigen. Der Strom könnte über die Drachenschnur
  durch dich zur Erde fließen.

- Hole niemals ein Toastbrot mit einem Messer aus dem Toaster.

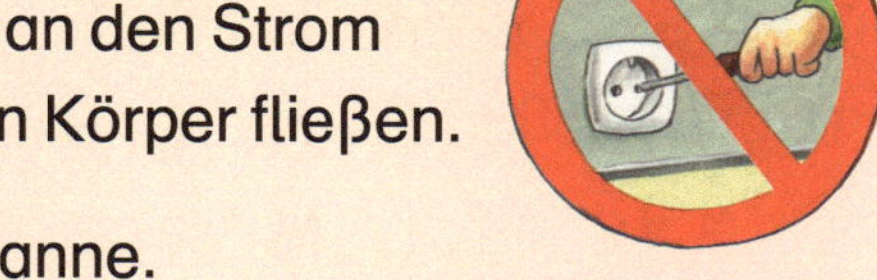

1 Markiere die Wörter mit **ss** und **ß**. Untersuche die Vokale vor **ss** und **ß**.
Setze einen Punkt unter die kurzen Vokale und einen Strich unter die langen Vokale.

er stieß	der Guss	sie lässt	der Riss	lässig	ihr gießt	die Gießkanne
anstoßen	das Kugelstoßen	ich reiße	das Schloss	das Vorhängeschloss
eingießen	stoßen	du schließt	er ließ	wir zerreißen	der Einlass

lass: ____

reiß: ____

schließ: ____

gieß: ____

stoß: ____

2 Sortiere die Wörter nach Wortfamilien. Markiere wie oben die Vokale vor **ss** und **ß**.

Finde so viele verwandte Wörter wie möglich zu **Fleiß**, **beißen**, **Fluss**.

Regelhaftigkeiten bei Wörtern
mit ss und ß entdecken →**S.179**

Geräte und Ähnliches

1 Finde noch neun Wörter mit **ä**.

Verwandtes Wort suchen: Kälte – kalt, ________________________

____

Merkwörter: ____

2 Schreibe die Wörter bei der passenden Rechtschreibstrategie auf.

Äh- • -chen • -dig • -fer • -ge • Ge- • -her • Kä- • Kä- • -lich • -mä- • Mär-
näm- • Ra- • -rä- • -re • -rend • Sä- • -se • -sen- • stän- • -te • wäh-

Käfer, ____

____

____

3 Setze die Silben zu sinnvollen Wörtern zusammen. Schreibe auf.

____

____

4 Suche dir ein Partnerkind. Decke die Wörter ab.
Lass dir zehn Wörter dieser Seite diktieren. Tauscht dann.

Wörter mit *ä* ohne Ableitung
mit verschiedenen Methoden trainieren → S. 181, 182

Präsens, Perfekt und Präteritum

Die erste Batterie

Im Jahr 1800 (entdecken) der italienische Physiker Alessandro Volta eine Möglichkeit, Strom zu erzeugen. Er (stapeln) Kupfer- und Zinkscheiben zu einer Säule; dazwischen (liegen) jeweils in Salzwasser getränkte Tücher. Als Volta gleichzeitig die oberste und unterste Scheibe (berühren), (spüren) er einen Stromschlag.

Alessandro Graf Volta.

Präsens mit Pronomen	Perfekt mit Pronomen
er entdeckt	er hat entdeckt

Verben in den Personalformen ins Präsens und Perfekt zu setzen fällt mir

1 Trage die Verben im Präsens und im Perfekt ein. _____ | 8

Die erste Batterie

Im Jahr 1800 entdeckte

Verben richtig ins Präteritum zu setzen fällt mir

2 Schreibe den Text aus Aufgabe 1 im Präteritum auf. Markiere die Verben. _____ | 4

→ S. 168

Wörter mit ss und ß

Flu**ss** – Schluss   kü _____ en – _______________

flie _____ en – _______________   bei _____ en – _______________

fa _____ en – _______________   la _____ en – _______________

genie _____ en – _______________   na _____ – _______________

Wörter mit ss und ß richtig zu schreiben fällt mir

1 Setze **ss** und **ß** richtig in die Lücken ein und finde Reimwörter.   _____ | 14

Wörter mit ä ohne Ableitung

Leiter oder Nichtleiter

Jeden Tag schalten wir den Fernseher und viele andere elektrische Geräte an. Alles funktioniert durch einen gleichmäßigen Fluss an Elektrizität, den so genannten Strom. Der fließt nur, wenn ein Stromkreis geschlossen ist. Aber welche Materialien leiten den Strom und welche unterbrechen den Stromfluss?

Mit einem einfachen Versuch kann man die Leitfähigkeit überprüfen. Schließe zuerst einen Stromkreis mit zwei Kabeln, einem Lämpchen und einer Batterie. Wenn du es richtig gemacht hast, leuchtet es.

Teste nun Stäbchen aus Holz, Papier, Stoff, Salzwasser, eine Eisensäge, Käse … Leiten diese Gegenstände und Materialien den Strom?

Was denkst du? Ändere nun den Versuchsaufbau:

Schließe mithilfe von zwei weiteren Kabeln die gewählten Materialien an den Stromkreis an.

Wenn das Lämpchen leuchtet, fließt nämlich Strom, während bei nichtleitenden Materialien nichts passiert.

Wörter mit ä in einem Text zu finden fällt mir

_____ | 13

2 Markiere alle Wörter mit **ä**.

Geräte, _______________________________________

____

____

Wörter mit ä ohne Ableitung richtig zu schreiben fällt mir

3 Schreibe noch sechs Wörter auf, die kein verwandtes Wort mit **a** haben.   _____ | 6

→ S. 179, 181, 182

Zwischenüberschriften finden

Zu den noch ungeklärten Phänomenen der Natur zählen Kugelblitze.
Diese Blitze sehen aus wie leuchtende Bälle und sind bis zu 40 Zentimeter
groß. Sie sind bei Gewitter plötzlich da und schweben durch die Luft.
Nach wenigen Sekunden verschwinden sie wieder. Angeblich können
diese Kugeln durch feste Stoffe, wie Holz oder Metall, dringen. Wissenschaftler können die Entstehung von Kugelblitzen noch nicht erklären.

Eine zusam-
menfassende
Überschrift für
einen Text zu
erkennen
fällt mir

.

_____ | 3

   Kugelfische sind selten zu sehen
   Ungeklärte Herkunft von Kugelblitzen
   Kommissar Kugelblitz klärt auf

1 Kreuze die passende Überschrift an.

Perfekt und Präteritum

Kabelbau früher

Das erste Seekabel im Meer (verbinden) Frankreich und England.
Die Verbindung (bestehen) jedoch nur einen Tag. Man (vermuten),
dass ein Fischer das Kabel (zerstören), weil er es für ein Seeungeheuer
(halten). Wahrscheinlich (scheuern) es aber einfach nur schnell durch,
weil die Isolierung es schlecht (schützen). Später (widerstehen) so ein
Kabel den Felsen am Meeresgrund besser – manchmal über 100 Jahre.

Perfekt mit Pronomen	Präteritum mit Pronomen
_____________	_____________
_____________	_____________
_____________	_____________
_____________	_____________
_____________	_____________
_____________	_____________
_____________	_____________
_____________	_____________

Verben aus
der Grund-
form ins
Perfekt und
Präteritum
zu setzen
fällt mir

.

_____ | 16

2 Trage die Verben im Perfekt und im Präteritum in die Tabelle ein.

→ S. 147, 168

87

ss oder ß?

Es war eine Frage von gro____em Flei____ der Forscher, bis der Strom

flo____. Gro____e Anstrengungen waren nötig, manchmal stie____en

die Forscher gestre____t an ihre Grenzen und mu____ten viel Geduld

aufbringen. Schlie____lich schafften sie es aber doch und geno____en

dann den verdienten Ruhm ihres neuen Wi____ens.

1 Ergänze die fehlenden Buchstaben.

Die Buch-
staben ss
oder ß richtig
zu verwenden
fällt mir

____ | 10

Nachschlagen im Wörterbuch

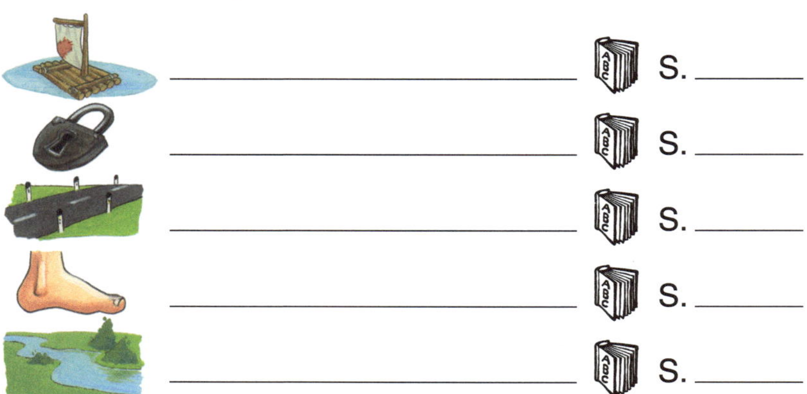

____________________ S. ____

____________________ S. ____

____________________ S. ____

____________________ S. ____

____________________ S. ____

2 Schlage im Wörterbuch nach. Notiere die Seitenzahl.

Wörter mit ss
und ß im
Wörterbuch
zu finden
gelingt mir

____ | 5

Diese Tipps möchte ich dir geben:

Zwischenüberschriften finden

- Du kannst gut passende Überschriften finden.
- Achte genauer auf den Textzusammenhang.
- ____________________

Perfekt und Präteritum

- Verbformen im Perfekt und Präteritum bildest du sicher.
- Lerne unregelmäßige Verben auswendig.
- ____________________

ss oder ß?

- ss und ß verwendest du sicher.
- Achte auf die Länge des Vokals vor dem s-Laut.
- ____________________

Nachschlagen im Wörterbuch

- Du schlägst sicher nach.
- Vergleiche genau mit der Schreibweise im Wörterbuch: s oder ß.

   → S. 179

Vom Leben der Wale

Die Entstehung der Wale

Das Leben auf der Erde ist in Millionen von Jahren im Wasser entstanden. Viele Tiere haben irgendwann das Wasser verlassen und an Land gelebt.

5 Einige sind später wieder zurück ins Wasser gegangen, daher haben sie bis heute Lungen statt Kiemen. Dazu gehören die Vorfahren der Wale. Wissenschaftler haben die versteinerten Überreste der

10 Ur-Wale untersucht und festgestellt, dass ihre Gene denen von Kühen, Kamelen, Giraffen und Hunden ähnlich sind. Diese Tiere gelten daher als Vorfahren der heute lebenden Wale. Sie lebten im

15 Gebiet der heutigen Staaten Pakistan und Indien. Dort war es damals sehr sumpfig. Der erste bekannte Wal-Vorfahr hatte schon einen lang

20 gezogenen Schädel und einen kräftigen Schwanz. Dieser Ur-Wal war etwa so hoch wie ein Schäferhund und glich in seiner Körperform einer Ratte. Er wird Pakicetus

25 genannt und soll vor 50 Millionen Jahren gelebt haben. Damit gibt es Wale schon viel länger auf der Erde als Menschen, denn der Mensch entwickelte sich erst

30 vor etwa 320 000 Jahren.

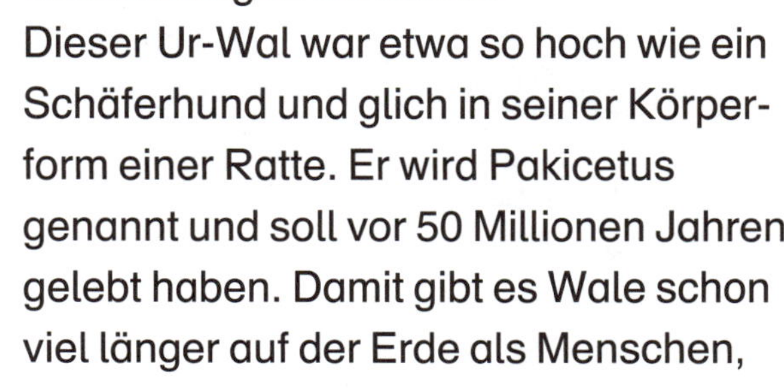

a) Die Vorfahren der Wale lebten ☐ auf Bäumen
☐ unter der Erde   ☐ auf dem Land   ☐ in der Luft   Zeile: _______

b) Mit welchen vier Tierarten könnten Wale verwandt sein?

____   Zeilen: ____________

c) Markiere die Stellen im Text, die dir Informationen
zum Aussehen des Ur-Wals geben. Zeichne ihn.   Zeilen: ____________

d) Woran kannst du erahnen, dass die Vorfahren
der Wale an Land lebten?   Zeilen: ____________

____

____

① Beantworte die Fragen. Gib die Zeilen der Textstellen an.

Walfang

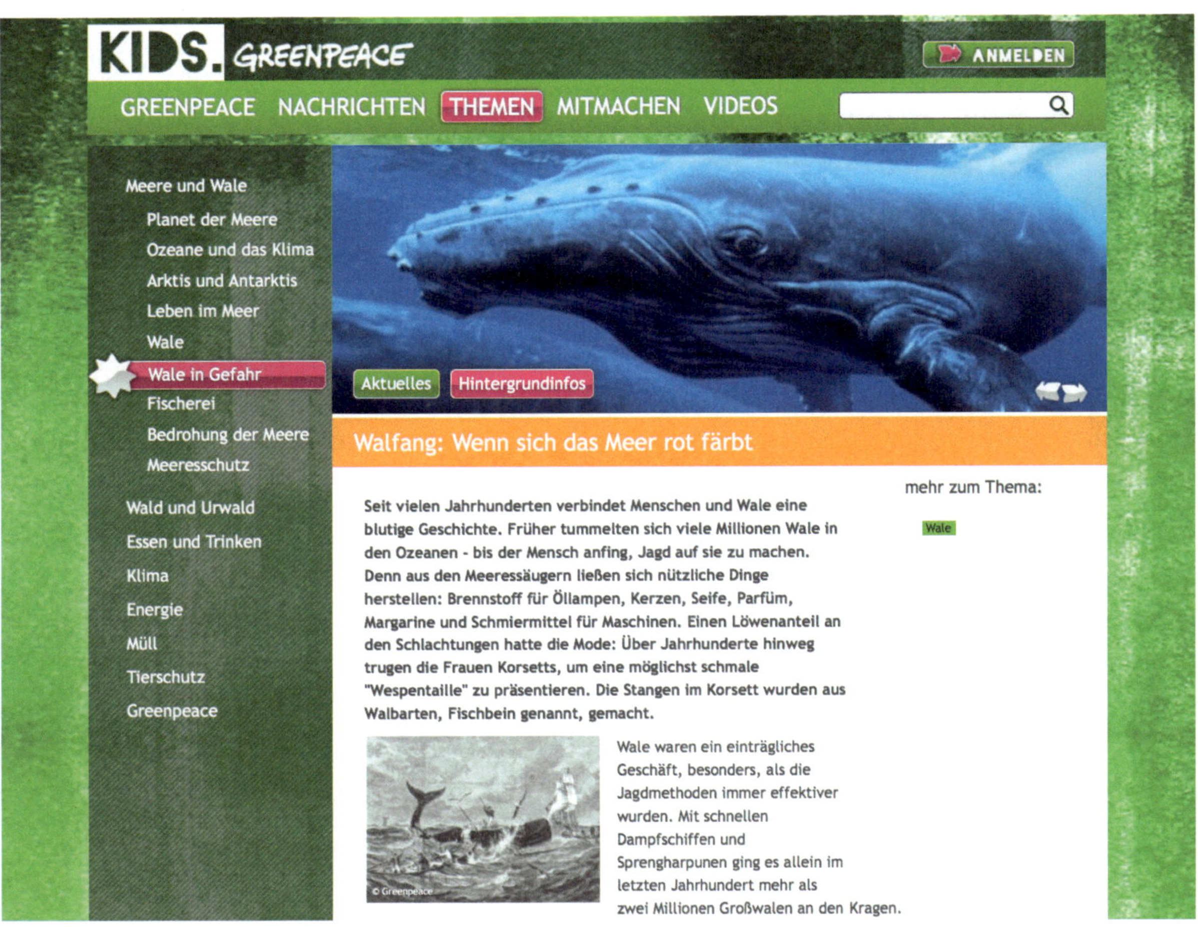

a) Welche Dinge wurden früher aus Walen hergestellt? Markiere im Text. Schreibe 5 Dinge auf.

Brennstoff für Öllampen, __________________

____

____

b) Warum wurde man Walfänger? Kreuze an. ☐ Walfang war gefährlich.
☐ Walfänger hatten viel Urlaub. ☐ Mit Walfang ließ sich viel Geld verdienen.

1. Beantworte die Fragen.

____

____

 Was denkst du, wie es mit den Walen weitergeht? Informiere dich hierzu.

Einer Homepage Informationen entnehmen → S. 150, 154   102

Stupsflossen-Delfin entdeckt!

Im Nordosten Australiens ist erstaunlich spät eine neue Delfinart entdeckt worden. Etwa 200 Tiere wurden gesichtet. Der Stupsflossen-Delfin ist dreifarbig. Seine
5 Flossen sind stark abgerundet. Die Flosse am Rücken (Finne) ist eher klein und eingekerbt. Das Maul (Schnabel) ist eher kurz. Die Stirn (Melone) ist im Vergleich dazu groß. Die Gene und der Knochenbau
10 unterscheiden sich deutlich von allen anderen bekannten Arten. Stupsflossen-Delfine leben in Gruppen, so genannten Schulen, nahe der Küste.

Stupsflossen-Delfine sind vorsichtig und
15 scheu. Sie meiden die Menschen und ihre Boote. Das ist vielleicht ein Grund für ihre späte Entdeckung. Ihr wissen-schaftlicher Name „Orcaella heinsohni" ehrt den Zoologen George Heinsohn
20 von der James-Cook-Universität.

a) Wo lebt der Stupsflossen-Delfin?

____

____

b) Welche Körperteile sind typisch für den neu entdeckten Delfin? Kreise ein.

c) Warum wurden diese Delfine erst so spät entdeckt?

____

____

d) Was sind die **Finne**, der **Schnabel** und die **Melone** bei Delfinen?
Markiere die Informationen im Text.
Informiere dich weiter oder beratet euch in einer Lesekonferenz.

Finne: _______________________________________

Schnabel: _______________________________________

Melone: _______________________________________

1 Beantworte die Fragen mithilfe des Textes.

Delfine leben in Gruppen, die Schulen genannt werden.
Wie heißen Gruppen, in denen andere Tierarten leben? Forsche nach.

Aus einem Sachtext genaue Informationen entnehmen → S. 150, 154

Der Orca

Manon und Chris haben einen Film über Orcas gesehen.
So erzählen sie danach zu Hause ihren Eltern davon.

Manon

Orcas sind ==gemeine== Jäger. Sie schwimmen ganz schnell absichtlich auf eine Sandbank voller Robben, packen brutal ein Tier und fressen es dann gierig. Manche schlagen hinterlistig mit ihrer Schwanzflosse in einen Fischschwarm. Die Fische werden dadurch betäubt und sind leichte Beute. Teilweise jagen auch mehrere Orcas feige gemeinsam. Grausam treiben sie die Opfer abwechselnd, bis diese zu erschöpft sind, um sich zu wehren. Ein besonderer Fall war der eines Orcas in Gefangenschaft. Er hinterließ zerkaute Fischteile an der Meeresoberfläche. Dann wartete er heimtückisch unter Wasser auf Möwen, die die Fischreste fressen wollten. Wenn sie auf dem Wasser landeten, packte er sie hemmungslos und fraß sie.

Chris

Der Orca ist ein Zahnwal und somit ein Fleischfresser. Er muss seine Beute jagen, um zu überleben. Orcas sind dabei geschickte Jäger. Sie arbeiten sogar manchmal bei der Jagd zusammen und teilen sich die Beute. Das spart Kraft und ermöglicht es ihnen, auch größere Tiere zu jagen. Orcas nutzen flache Strände, um Robben von Land zu ziehen. Sie verwenden Wasserdruck, um größere Fischschwärme zu betäuben. Orcas vollführen Treibjagden in Gruppen und einige denken sich richtig kluge Techniken aus, um Seevögel zu erwischen.

gemein, ___________________________

____

1 Manon findet Orcas gemein. Markiere die Wörter, die ihre Meinung wiedergeben. Schreibe sie auf.

____

____

____

____

2 Denkt Chris auch, dass Orcas gemeine Jäger sind? Schreibe seine Meinung auf.

3 Sind Orcas gemein oder geschickt? Begründe deine Meinung.

Meinungen entwickeln und vertreten → S. 153

Comics: Geschichten in Wort und Bild

Der Comic-Autor Jens Ehrenreich hat einen Comic mit dem Titel „Jónas Blondal"
geschrieben und gezeichnet. Er handelt vom 12-jährigen isländischen Jungen Jónas,
der von seinem Vater 1894 das erste Mal mit auf Walfang genommen wird.
Es ist eine traurige Geschichte mit einer ernsten Botschaft. Sie will die Lesenden
nicht nur unterhalten, wie es sonst oft im Comic üblich ist. Der Autor und Illustrator
Jens Ehrenreich zeigt auf seiner Homepage **www.jens-ehrenreich.de** an einer Seite,
wie sein Comic zum Thema Walfang entstanden ist.

1 Um welchen Comic-Autoren geht es hier? _______________________________

2 Wie heißt der Titel des vorgestellten Comics? _______________________________

Die Entstehung des Comics
Die Handlung wurde zunächst in Stich-
wörtern aufgeschrieben und danach
den einzelnen Seiten zugeordnet (**A**).
Im nächsten Schritt erfolgte die
Umsetzung in einfache Bildfolgen (**B**)
und schließlich in noch genauere
Bleistiftzeichnungen (**C**).

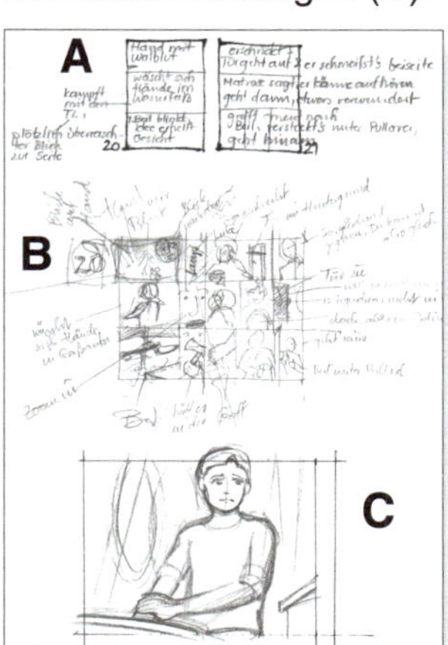

Diese kleinen
Vorzeichnungen
sind danach auf einem gemein-
samen Blatt zusammengestellt und
mit Bleistift schattiert worden. Diese
Seite wurde anschließend mittels
Fotokopierer auf das Endformat
vergrößert und ausgemalt.

Das **Einfärben** der
301 Bilder wurde direkt auf
den Fotokopien ausgeführt.
Somit sind die gemalten Originale der
Comic-Seiten genauso groß wie die
gedruckten Versionen. Die kopierten
Bleistiftzeichnungen sind teilweise
noch zu erkennen und geben den
Zeichnungen einen eigenen Stil.

Geschichte auf Seiten verteilen

kopierte Bleistiftzeichnungen einfärben

genaue Bleistiftzeichnungen anfertigen

schattierte Seiten groß kopieren

Geschichte aufschreiben

Bleistiftzeichnungen schattieren

einfache Bildfolgen zeichnen

3 Wie folgen die Arbeitsschritte bei Jens Ehrenreich aufeinander? Nummeriere.

Plant und zeichnet gemeinsam eine eigene Bildergeschichte.
Jeder malt mindestens ein Bild.

Die Entstehung eines Comics kennen lernen und
anhand dieser Schritte selbst einen Comic erstellen

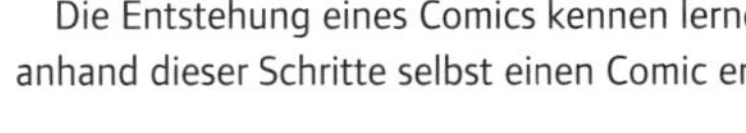

Orca: der große Delfin

Erhan hat Informationen über den Orca gesammelt.

Der Name Schwertwal kommt von der mächtigen Rückenflosse (Finne), die beim Männchen bis zu 1,8 Meter lang wird. Oberkopf, Brustflossen (Flipper) sowie Rücken- und Schwanzflosse (Fluke) sind schwarz, die Kehle und der Bauch weiß.
Die Seiten und der Rücken sind tiefschwarz mit Ausnahme eines weißen, ovalen Flecks über und hinter dem Auge und eines variablen Sattels hinter der großen Rückenfinne.
Der Sattel und die Form der Rückenflosse dienen der Walforschung zur Identifizierung der einzelnen Tiere.

Der Orca oder Große Schwertwal ist eine auch unter Namen wie Killerwal und Mörderwal bekannte Art der Wale. Er gehört zur Familie der Delfine. Männliche Orcas können bis zu 8 m lang und bis zu neun Tonnen schwer werden. Weibliche Orcas sind mit bis zu 6 m und bis zu fünfeinhalb Tonnen deutlich kleiner. Die Lebenserwartung eines Schwertwals liegt im Durchschnitt bei 50 Jahren.

1 Lest die Lexikonausschnitte und klärt unbekannte Begriffe.

2 Was erfährst du über den Orca? Markiere wichtige Informationen.

Name: **Orca, Großer Schwertwal**

Größe: ___________________________________

Aussehen: _________________________________

____

____

Nahrung: __________________________________

Alter: _____________________________________

Besonderheiten: ____________________________

____

3 Schreibe den Steckbrief über den Orca. Nutze auch die Informationen von Seite 92.

4 Schreibe einen Sachtext über den Orca. ⟶ **Tipp**

> **Tipp**
> 1. Bilde ganze Sätze.
> 2. Schreibe im Präsens.
> 3. Nutze die Reihenfolge des Steckbriefs.
> 4. Mache nach Sinnabschnitten Absätze.

Aus einem Steckbrief einen Sachtext schreiben → S. 159, 161

Whalewatching

Über 85 Länder können heute Whalewatching (englisch
für Walbeobachtung) für Touristen **anbieten**.
Auf einer Tour müssen die Beobachter ein großes Gebiet absuchen.
Sie werden dabei folgenden Hinweisen nachgehen:
- große Vogelschwärme, die umherkreisen. Denn dort ist meistens
  ein Fischschwarm, dem auch Wale hinterherjagen.
- das Blas* der Großwale, die auftauchen.
- weiße Schaumkappen, die immer an derselben Stelle auftreten.
  Dort werden vermutlich Delfine oder andere Zahnwale entlangziehen.
Allerdings kann sich der Tourismus auch negativ auf die Wale auswirken:
Sie werden schneller krank oder können sich an den Schiffsschrauben verletzen.

1 Markiere noch acht Verben mit Wortbaustein.

* ausgeatmete Luft

Grundform	Er-Form
anbieten	er **bietet an**

2 Schreibe die Verben mit Wortbaustein in der Grundform und der Er-Form in die Tabelle.

3 Markiere das Verb in der Er-Form.

Bei der Umwandlung werden Vorsilbe und Wortstamm des Verbs getrennt.
Bei der Umwandlung verändert sich das Verb nicht.

4 Was ist bei der Umwandlung von der Grundform in die Er-Form passiert? Kreuze an.

   Den Sinn von Verben mit Wortbausteinen verändern   

Sind Wale vom Aussterben bedroht?

Von den 86 bekannten Walarten **wird** es sechs vielleicht schon bald nicht mehr **geben**. Außerdem **werden** weitere 15 Walarten wohl nicht mehr lange **überleben**, wenn der Mensch sich weiter so verhält. Etwa 31 Walarten **werden** die Forscher aber noch weiter **untersuchen** müssen. Über sie weiß man zu wenig, um sagen zu können, ob sie noch lange durch ihre Heimat **schwimmen werden**. Um diese Meeressäuger zu schützen, **wird** man auf die riesigen Fischernetze **verzichten** müssen. Weltweit **werden** sonst in den folgenden Jahren jährlich 300 000 Tiere als Beifang (Müll) durch diese **sterben**.

wird geben, _______________________________

____

____

(1) Schreibe die markierten Verben in der Zeitform Futur (Zukunft) aus dem Text heraus.

Präsens (Gegenwart)	Futur (Zukunft)
ich lebe	
	du wirst leben
sie leben	

(2) Ergänze die Tabelle.

(3) Wie wird das Verb verändert, um das Futur (die Zukunft) zu bilden?

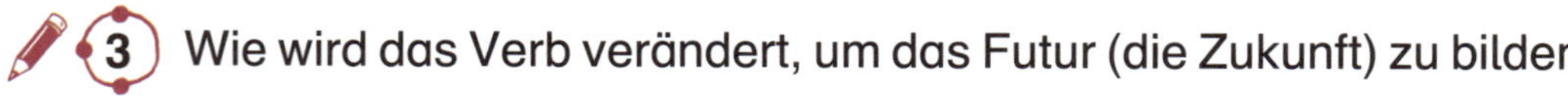

Das Futur bilden → S. 167

Walschule

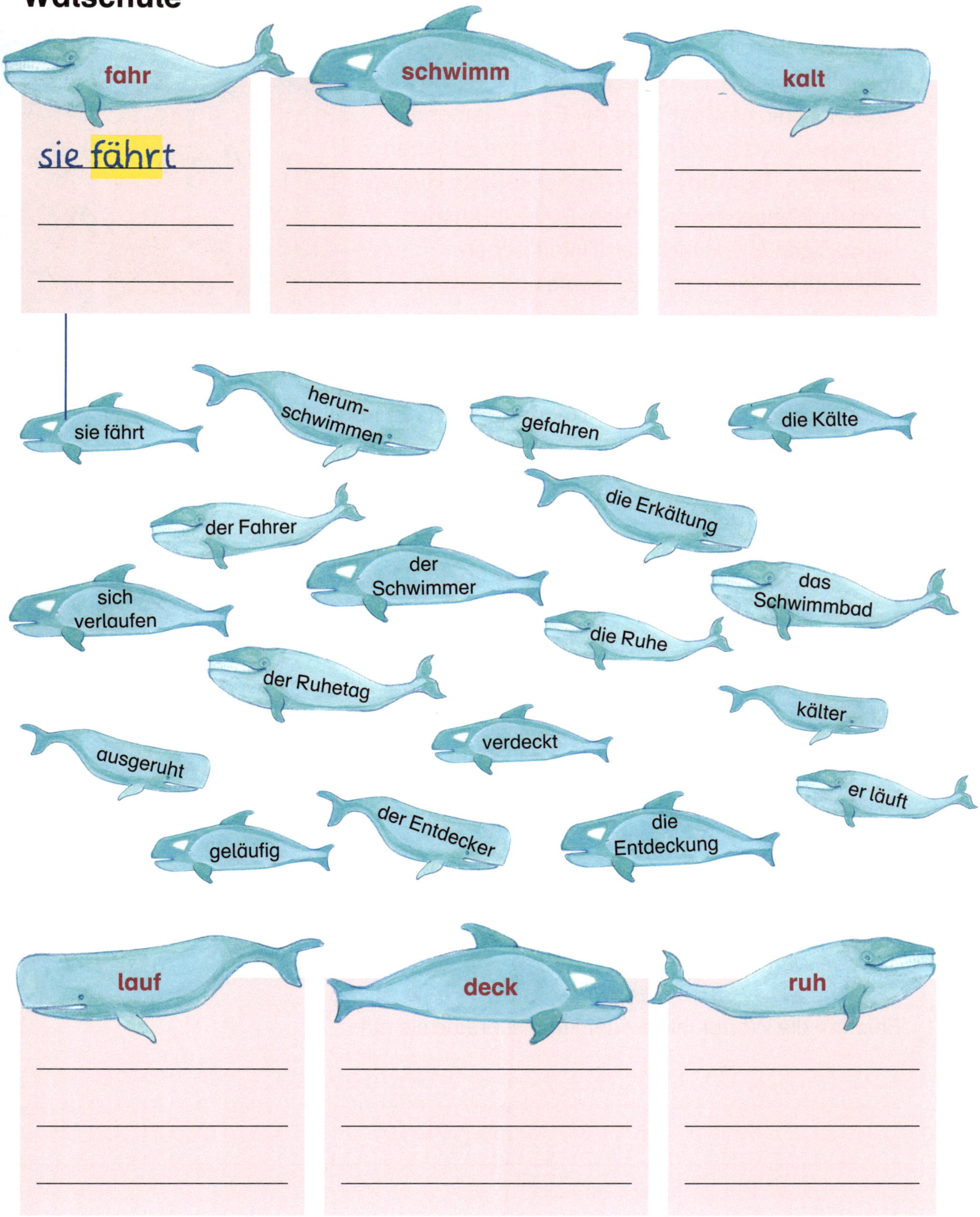

fahr

sie **fährt**

schwimm

kalt

---

lauf

deck

ruh

---

1 Bringe die Walkinder zurück zu ihren Familien. Verbinde. Schreibe auf.

2 Markiere bei jedem Wort den Wortstamm.

Wortfamilien erkennen → S. 179

Walarten

Schwertwale haben eine Fettschicht und frieren deshalb auch im Eiswasser nie. Blauwale sind mit Sicherheit die größten Tiere der Erde. Niemand dürfte je einen Grönlandwal in der Trave zu sehen bekommen. Manche Lieder der Buckelwale klingen auch für Menschen melodisch. Pottwale kriegen niemals genug von leckeren Tintenfischen. Minkwale heißen auch Zwergwale und werden etwa sieben Meter lang. Friedliebende Seiwale sieben Krill aus dem Meer.

1 Markiere noch zehn Wörter mit **ie** und acht Wörter mit **i** in verschiedenen Farben.

die, ____

____

____

2 Sprich dir die Wörter deutlich vor und schreibe die Wörter mit **ie** nach dem Alphabet geordnet auf.

B i ld ________________   fr ____ dlich ________________

b ____ gen ________________   W ____ nd ________________

T ____ r ________________   sch ____ cken ________________

verl ____ ben ________________   L ____ cht ________________

3 Flüstere die Wörter mit **ie** oder **i** und schreibe sie auf.

____

____

____

 Im Text oben steht zweimal das Wort **sieben**. Erkläre beide Bedeutungen.

  Wörter mit *i* und *ie* richtig schreiben   111

Verben mit Wortbausteinen

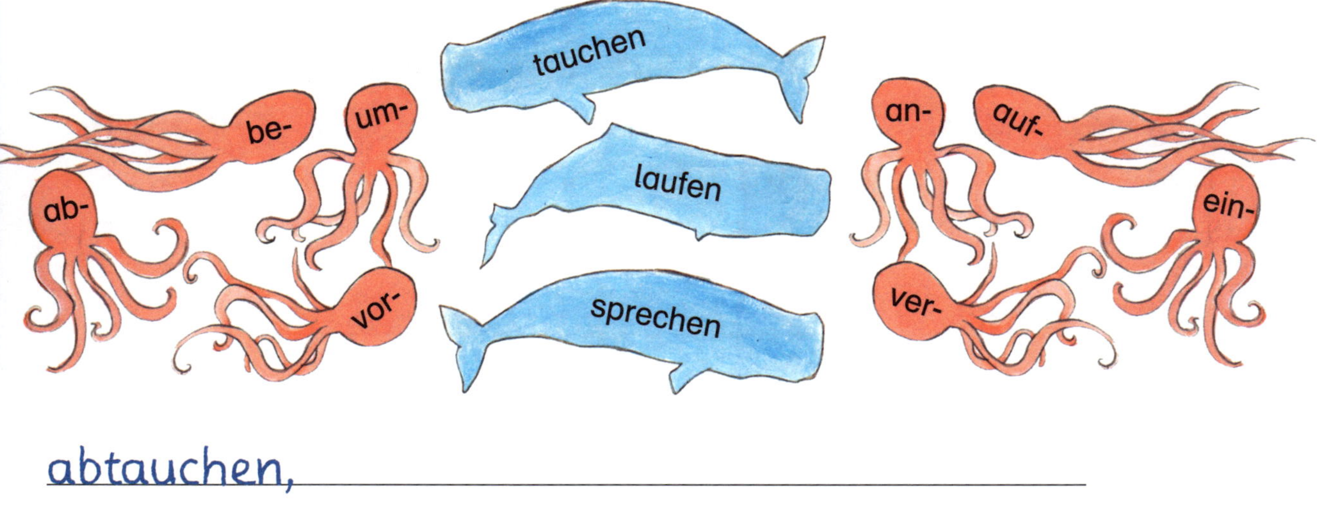

abtauchen,

Verben mit Wortbausteinen zu bilden fällt mir .

1 Bilde zwölf Verben mit Wortbausteinen.

_____ | 12

Futur (Zukunft)

Walschutz

Es wird hoffentlich einmal eine Zeit geben, in der kein Land mehr Wale jagen wird. Dann werden sie sich wieder vermehren. Außerdem werden vielleicht auch die Fischfangflotten auf die riesigen Treibnetze verzichten. So werden dann nicht mehr so viele Kleinwale in ihnen ertrinken. Außerdem wird bald bestimmt auch weniger Schmutz in die Meere geleitet, damit diese nicht weiter verseucht werden. Zusätzlich sollten die Menschen möglichst wenig Lärm unter Wasser machen, denn dann werden sich die Wale nicht mehr verschwimmen. Dadurch wird die Gefahr sinken, dass sie in flache Gewässer kommen. So werden weniger Wale an den Stränden angespült. Das alles wird den Walen helfen.

Verben im Futur in einem Text zu finden fällt mir .

2 Markiere die zehn Verben im Futur.

_____ | 10

Wortfamilien

K	F	L	A	U	F	S	C	H	U	H	A	E	I	S	K	A	L	T	W	F	L
Ä	E	R	K	Ä	L	T	U	N	G	H	**F**	**A**	**H**	**R**	**R**	**A**	**D**	X	B	Ä	O
L	A	U	F	M	A	S	C	H	E	H	T	U	J	Ö	N	G	E	F	A	H	R
T	U	T	E	K	A	L	T	S	P	E	I	S	E	U	F	A	H	R	E	R	F
E	P	Z	V	E	R	L	A	U	F	E	N	K	I	T	B	L	Ä	U	F	E	R

fahr: **Fahrrad,** ____

____

lauf: ____

____

kalt: ____

____

1 Finde noch elf Wörter zu den drei Wortfamilien. Ordne sie zu.

Wörter
Wortfamilien
zuzuordnen
fällt mir

_____ | 11

Langes ie und kurzes i

Friede für Walter!

D**ie**__ ser D____nstag war für Walter, den Buckelwal,

z____mlich m____s. Er wollte nur in Fr____den gelassen werden,

aber genau an d____sem Tag wurde Walter h____r zum Z____l

f____ser Walfänger. Mit s____ben r____sigen Sch____ffen

machten s____ s____ch auf, um Walter zu kr____gen.

Er versuchte noch abzub____gen, auszuweichen und gesch____ckt

unter den heranfl____genden Harpunen abzutauchen,

aber die Jäger z____lten zu gut. Walter verlor sein Leben –

genau w____ v____le seiner Freunde.

Wörter mit
ie und i
zu bilden
fällt mir

2 Ergänze noch 17 Wörter mit **ie** und die drei Wörter mit **i**.

_____ | 20

   → S. 179

Einen Text genau lesen

Der Schweinswal

Am häufigsten von allen Walarten kommt in deutschen Gewässern der Schweinswal vor. Dieser Zahnwal wird nur bis zu 1,85 m groß. Er ernährt sich von Krebstieren, Fischen und Tintenfischen. Schweinswale leben in flachen Gewässern der Nordhalbkugel. Sie haben eine grau-schwarze Färbung, eine kurze Schnauze und eine flache Finne. Sie schwimmen bis zu 22 km/h schnell und springen nur selten aus dem Wasser. Zu ihren Feinden gehören Schwertwale, große Haie und der Mensch.

a) Schweinswale sind ☐ große Wale ☐ kleine Wale.

b) Schweinswale gehören zu den ☐ Zahnwalen ☐ Bartenwalen.

c) Beschreibe das Äußere eines Schweinswals.

____

____

d) Nenne die drei Feinde des Schweinswals.

____

____

1 Beantworte die Fragen. Kreuze an oder schreibe auf.

Texte, die ich lese, zu verstehen fällt mir

_____ | 4

Verben mit Wortbausteinen

grvorschwimmeneeabtauchennpezerspringenacumgeheneansehen

Verben mit Wortbausteinen zu erkennen fällt mir

2 Markiere die Verben mit Wortbausteinen.
Die übrigen Buchstaben ergeben ein Lösungswort: _______________________ _____ | 6

→ S. 150, 154

101

Langes ie und kurzes i

Der R∗tt auf dem Wal war m∗s.
Die Taucher∗n war zwar f∗t, aber h∗r am Strand warf das T∗r s∗ ab.
F∗s f∗l die junge Frau auf das l∗nke Kn∗ und fluchte.
Der Wal schwamm lachend davon.

____

____

____   Die richtige
                                                    Schreibweise
____   von Wörtern
                                                    mit i oder ie
____   zu erkennen
                                                    fällt mir
____

1 Schreibe den Text richtig ab.   ____ | 10

Nachschlagen im Wörterbuch

T____ger  S. ______   K____no  S. ______   Wörter mit
                                                                                      langem i im
P____lot  S. ______   L____ter  S. ______   Wörterbuch
                                                                                      zu finden
K____lometer S. ______   Mandar____ne S. ______   fällt mir

2 ie oder i? Schlage die Wörter im Wörterbuch nach.   ____ | 12

Diese Tipps möchte ich dir geben:

Einen Text genau lesen

☐ Sachtexte kannst du selbstständig erlesen.

☐ Suche Stichwörter im Text, um Fragen zu beantworten.

☐ _______________________________________

Verben mit Wortbausteinen

☐ Wörter mit Wortbausteinen kannst du gut erkennen.

☐ Denke daran, dass Wortbausteine zum Verb gehören.

☐ _______________________________________

Langes ie und kurzes i

☐ Du unterscheidest **ie**- und **i**-Wörter sicher.

☐ Ein langes **i** wird meist **ie** geschrieben.

☐ _______________________________________

Nachschlagen im Wörterbuch

☐ Du schlägst sicher nach.

☐ Suche Wörter mit langem **i** erst unter **ie**, dann bei **i**, **ih** oder **ieh**.

☐ _______________________________________

Schneller, weiter, höher

Die fünf Asse

Ein Radrennen bei den Rivalen in Grünheim steht an. Klar, dass die fünf Asse Linh, Ilka, Lennart, Jabali und Michael dabei sind. Und genauso klar,
5 *dass sie als Mannschaft antreten. Aber dann wird Jabali von einem professionellen Nachwuchsteam entdeckt.*

Schon zwei Tage später packte Jabali seine Sachen, nachdem am Tag zuvor
10 Jan und Herr Dietrich noch mit seinen Eltern gesprochen und alles klargemacht hatten. Er war nervös. Immer hatte er davon geträumt, eines Tages als großes, herausragendes Talent entdeckt und zu
15 einem international anerkannten und berühmten Sportler ausgebildet zu werden. Allerdings als Läufer. Jetzt hatte er überraschend seine Chance als Rennradler erhalten. Das hatte sich Jabali
20 zwar nie vorgestellt, aber man sollte sein Schicksal nicht herausfordern, sondern annehmen, fand er. Wenn er als Rennradler Karriere machen konnte, dann sollte es eben so sein.

25 Und seinen Triathlon-Ambitionen kam das schließlich auch entgegen. Gern hätte er das auch seinen besten
30 Freunden erzählt. Aber irgendwie hatte er Angst, sie würden ihm seine große Chance vermiesen. Schließlich hatten sie vereinbart, gemeinsam für das große Radrennen zu
35 trainieren und als Team zu starten. Ilka hatte er ein gemeinsames Triathlon-Training versprochen. Er konnte gut verstehen, wenn sie ihm also das Leistungszentrum ausreden wollten.
40 Aber er wollte es sich nicht ausreden lassen. Nicht bevor er es nicht ausprobiert hatte. Jabali war sich nicht sicher, ob seine Freunde das verstehen würden. Damit er gar nicht erst in Verlegenheit kam zu
45 schwanken, hielt er sich im Moment lieber von seinen Freunden fern, so schwer es ihm auch fiel. Da noch Osterferien waren, musste er ihnen wenigstens nicht ständig in der Schule begegnen.

1 Lies die Geschichte.

Warum wechselt Jabali in das andere Radteam?
Warum erzählt Jabali seinen Freunden nichts vom neuen Radteam?

2 Markiere die Antworten auf die Fragen im Text in verschiedenen Farben.

Ich kann das verstehen, / nicht verstehen, weil ______________________________

____

3 Kannst du verstehen, warum sich Jabali von seinen Freunden fernhält? Entscheide dich, markiere deine Entscheidung und begründe.

Der veränderte Jabali

„Aber dass Jabali plötzlich Tabletten in der Tasche hat, ist schon eigenartig", bemerkte Ilka. „Vielleicht ist er krank?", überlegte Lennart. Nur hatte Jabali nichts
5 von seiner Krankheit erzählt. Außerdem wussten sie alle: Bei Krankheit pausierte man und trainierte nicht. „Das kann doch alles Mögliche gewesen sein", versuchte Linh, sich die Tabletten zu erklären.
10 „Gegen Heuschnupfen oder so etwas." Sie zeigte hinüber auf die gegenüber-liegende Straßenseite zu einer Apotheke und fragte Michael: „Weißt du noch, wie die Tabletten hießen?"
15 Michael überlegte. Er hatte nur kurz auf die Packung geschaut. „Irgendwas mit Regen."
„Regen?", staunte Linh. Das konnte sie sich nicht vorstellen.
20 Trotzdem wollte sie einen Versuch wagen. „Ich frag mal, bin gleich wieder da!" Und schon rannte sie los.
Sie warteten draußen vor der Apotheke auf Linh, die auch schon bald wieder
25 herauskam. „Ich hab's!", verkündete sie froh. „Regenzymat forte."
„Sag ich doch!", stellte Michael klar.
„Regen." Linh lachte ihn an. „Das hat mit Sonne und Regen nichts zu tun, sondern
30 steht für Regeneration." Linh hielt einen Zettel hoch. „Den Beipackzettel hat die Apothekerin mir gegeben. Ich hab gesagt, ich brauche ihn für ein Schulreferat. Also:

Das Medikament dient zur Deckung eines
35 erhöhten Magnesiumbedarfs bei Leistungssportlern. Vorbeugung und Linderung von Muskelkrämpfen. Fördert die Entspannung und Regeneration …"
Sie lachte: „Immerhin wissen wir jetzt,
40 dass Jabali nicht ernsthaft krank ist."

Schon am nächsten Tag sprachen Ilka und Linh Jabali direkt auf seine Tabletten an. Linh zeigte Jabali den Beipackzettel Jabali reagierte sauer. „Was soll das?
45 Wieso spioniert ihr mir nach?"
„Wir spionieren nicht", stellte Linh klar.
„Wir haben uns die Antwort geholt, die du uns nicht gibst. Was ist los mit dir? Seit wann brauchst du Tabletten für den
50 Sport?"
„Ich mache jetzt Hochleistungssport, verstehst du?", verteidigte sich Jabali.
„Wir trainieren hart und stehen unter ärztlicher Kontrolle. Da braucht ihr nicht
55 auch noch eure Nase hineinzustecken und alles besser zu wissen!"
Mit diesen Worten hatte Jabali die Mädchen stehen lassen.

Jabali regt sich zu Recht auf.   Es ist gut, dass Ilka und Linh Jabali ansprechen.

Ilka und Linh handeln falsch.   ?   Jabali sollte freundlicher sein.

(4) Lest die Sätze. Was denkt ihr? Sprecht darüber. Begründet eure Meinung.

Durchsuchung

Linh, Michael, Lennart und Ilka
beschließen, in das Mannschaftsquartier
von Jabalis Team einzusteigen.
Sie hoffen etwas zu finden, das ihnen
5 *die Erklärung für Jabalis Veränderung*
verständlich macht.

„Du meinst wirklich, wir können es
wagen?", vergewisserte sich Linh noch
mal. Ilka zog die Schultern hoch. „Mir ist
10 jedenfalls nichts Schlaueres eingefallen
und euch auch nicht."
„Es ist total verboten, was wir hier
machen", stellte Lennart zum x-ten Mal
fest. Ilka machte ein mitleidiges Gesicht:
15 „Dann heul doch."
Lennart winkte ab. „Ich mein ja nur."
Dann aber zögerten sie doch einzusteigen.
„Ich komme mir vor wie so ein
20 Einbrecher", gestand Ilka.
„Bist du ja auch", bestätigte Linh. „Aber
keine Diebin. Das ist der Unterschied!
Denn wir sehen uns nur um. Schauen,
ob wir Tabletten oder sonst was
25 Verdächtiges finden."

Jeder nahm ein Zimmer.
Bevor Linh in das Zimmer einstieg,
schaute sie noch einmal zurück. Das
Fenster des ersten Zimmers stand nun
30 sperrangelweit offen.
„Mist!", ärgerte sie sich. „Jetzt sieht jeder
sofort, dass wir hier waren!"
„Falsch", korrigierte Lennart. „Jeder sieht,
dass JEMAND hier war, nicht WIR!"
35 „Stimmt auch wieder", räumte Linh ein.
Mitten im Raum lagen zwei große geöff-
nete Reiserucksäcke, die nur noch halb
voll waren. Auch auf den Betten stapelte
sich Wäsche, der man nicht ansah, ob sie
40 frisch oder gebraucht war. Linh schüttelte
den Kopf. Jungs!, dachte sie. Wie konnte
man so wohnen? Das Schlimmste aber
war: Um zu finden, was sie suchte,
musste sie die Rucksäcke durchforsten.
45 Linh gab sich einen kleinen Ruck und
begann mit der Durchsuchung. In der
ersten kleinen Außentasche fand sie
einen iPod und ein Kartenspiel; in der
nächsten einen Kopfhörer und ein Handy-
50 aufladekabel, in der nächsten …
Da hatte Linh etwas entdeckt: Sie zog ein
Tablettenpäckchen hervor und einen
Zettel, der zusammengeknüllt in der
gleichen Tasche lag. Linh entfaltete ihn
55 und las. Es handelte sich um einen
Gesundheitscheck, von dem ja auch
Jabali berichtet hatte. Abgestempelt
von einem Dr. Thomen.
In dem Moment merkte Michael unten
60 an der Hofeinfahrt etwas.
Der Mannschafts-Van kam zurück!

Mit viel Glück können die vier verschwinden, bevor sie entdeckt werden.

65 Wenig später fanden sie sich bei Linh zu Hause ein.
„Habt ihr was gefunden?", fragte Michael. Linh nickte. Lennart und Ilka ebenso. Jeder hatte in den Rucksäcken der Jungs
70 Medikamente gefunden. Alle das gleiche. Das, was sie auch bei Jabali im Zimmer gefunden hatten. Und bei einem lag der Beipackzettel noch dabei. Es war ein Medikament gegen Asthma.
75 „Tabletten gegen Asthma?", wiederholte Michael erstaunt. „Asthma? Jabali?"
„Eben", bestätigte Ilka. „Weißt du, was Asthma ist? Eine Erkrankung der Atemwege. Man bekommt nur sehr

80 schwer Luft. Im schlimmsten Fall kann man sogar ersticken, weil die Atemwege einfach dicht sind."
Linh begriff es nicht: „Keine Luft? Unser Jabali? Das Konditionswunder? Der nie
85 aus der Puste ist, egal wie lange er läuft? Der soll Asthma haben?"
„Und alle anderen auch?", fügte Lennart an. „Die haben doch kein Team aus asthmakranken Kindern gebildet!"
90 „Natürlich nicht", stellte Ilka klar. „Es handelt sich eindeutig um Doping*!"
„Do-Do-Do-Doping?" Michael hauchte es mehr, als dass er es sagte. „Doping bei Kindern?"

Andreas Schlüter / Irene Margil

* Einnahme von verbotenen Substanzen
zur Leistungssteigerung

[ ] Sie verraten ihrer Lehrerin, dass Jabali mit Grünheimern trainiert.
[ ] Sie steigen in das Mannschaftsquartier von Jabalis Team ein und durchsuchen die Zimmer.
[ ] Sie klauen dem Hausmeister seine Schlüssel.

(1) Ilka, Lennart, Linh und Michael machen etwas Verbotenes. Was? Kreuze an.

____

____

____

(2) Kannst du die Handlung der vier verstehen? Begründe.

[ ] Er vertraut dem Mannschaftsarzt und denkt, es sind harmlose Vitaminpillen.
[ ] Er hat eine schwere Asthma-Erkrankung und muss das Medikament nehmen.
[ ] Jabali will sich mit Doping verbessern.

(3) Überlege, warum Jabali das Asthma-Medikament nimmt. Kreuze an.

  Zu Handlungen Stellung nehmen   118, 119

Sturz mit Inlinern

Wann?   Wo?   Wer?   Was?

Gestern Nachmittag war der 11-jährige Schüler Jan S. mit seinen Inlinern unterwegs.
Als er aus der Hofeinfahrt auf die Kantstraße einbog, achtete er nicht auf den Verkehr.
Ein vorbeifahrendes Auto konnte dem Jungen gerade noch ausweichen,
trotzdem stürzte er. Ein nachfolgendes Auto konnte rechtzeitig bremsen.
Außer einigen Abschürfungen blieb Jan S. unverletzt.

1 Unterstreiche im Bericht die Antworten auf die W-Fragen mit der passenden Farbe.

Überschrift: ____

Wann? ____

Wo? ____

Wer? ____

Was? ____

____

2 Sieh dir die Bilder an.
Beantworte die W-Fragen in Stichwörtern.

   Kriterien eines Berichts kennen   → S. 162

____
____
____
____
____
____
____
____
____
____
____
____
____
____

3 Schreibe den Bericht mithilfe deiner Stichwörter von Seite 107 auf.

4 Welche Aussagen treffen auf einen Bericht zu?
Kreuze an. Schreibe das Lösungswort auf.

   Ein Bericht wird in der Regel im Präteritum geschrieben. (**Sk**)
   Ein Bericht ist immer sehr spannend und unterhaltsam geschrieben. (**le**)
   Bei einem Bericht muss man sachlich schreiben. (**ateb**)
   Die eigene Meinung des Autors ist bei einem Bericht besonders wichtig. (**Fi**)
   Ein Bericht sollte auf die vier W-Fragen **wer**, **wo**, **wann**, **was** antworten. (**oard**)

Lösungswort:

Einen Bericht schreiben → S. 162

In Bewegung

Die beiden Kinder müssen mit einer Hand am Lenker fahren.

Ich turne sehr gerne am Reck.

Ich gehe zu Fuß in die Schule.

Mir gefällt das Turnen am Reck nicht so gut.

Das Gehen auf Stelzen ist nicht einfach.

Das Fahren mit einer Hand fällt Jonathan noch schwer.

1 Markiere in den oberen Kärtchen das Verb.
Markiere in den unteren Kärtchen das Nomen, in das sich das Verb verwandelt hat.
Verbinde die Sätze, die zusammengehören.

Vom _________________ wird mir immer schwindelig.

Jana läuft gerne in die Schule.

Zum _____________ ziehe ich meine Laufschuhe an.

Peter schaukelt auf dem Spielplatz.

Das _____________ vom Waveboard kann schmerzhafte Folgen haben.

Wenn man nicht aufpasst, kann man vom Waveboard stürzen.

2 Verbinde die Sätze, die zusammengehören, und setze das fehlende Nomen ein.

Wir (begleiten) _________________ meinen Onkel in einen Radladen.

„Beim (kaufen) _____________ eines neuen Fahrrads muss man genau überlegen",

sagt er. Wir alle (lieben) _____________ Fahrräder.

Aber das (aussehen) _________________ ist nicht so wichtig.

Wir (achten) _____________ stattdessen auf die Qualität.

Das (bremsen) _______________ muss sicher sein

und wir (brauchen) _________________ einen bequemen Sattel.

Wir (kaufen) _____________ deshalb nicht gleich das erste Rad,

sondern versuchen das beste Fahrrad zu finden.

3 Trage diese Verben in den Text ein. Entscheide, ob sie ein Verb bleiben und kleingeschrieben werden oder ob sie sich in ein Nomen verwandeln.

Mit dem Fahrrad im Verkehr

Wer oder was steht auf dem Schulhof?	des Fahrrades	Wer-Fall
Wessen Reifen ist platt?	das Fahrrad	Wen-Fall
Wem fehlt ein Speichenstrahler?	das Fahrrad	Wem-Fall
Wen oder was stellt Jonas in die Garage?	dem Fahrrad	Wessen-Fall

Die Namen der Fälle stehen auch im Basisbuch Seite 125.

1 Rahme die passenden Kärtchen mit der gleichen Farbe ein.

1. Der Polizist hängt ___________________________ an die Tafel.

2. Er erklärt den Kindern die Bedeutung ___________________________.

3. ___________________________ ist ein Dreieck, dessen Spitze nach unten zeigt.

4. Man sieht ___________________________ nicht gleich an,

   dass es „Vorfahrt gewähren" bedeutet.

2 Setze das Wort **Verkehrsschild** passend in die Lücken ein.

Wen oder was hängt ___________________________

____

____

____

3 Stelle zu den Sätzen aus Aufgabe 2 die Fragen, die dir helfen, den Fall zu bestimmen. Schreibe den Fall zu den Fragen.

Nomen: Kasus → S. 169, 170

Computer-Hilfe?

Mit dem Waveboard unterwegs

Es ist langweilig, wen man beim Surfen auf eine gute Welle warten mus und Snowboard faren geht nun mal nur mit Schne. Aber inzwischen gibt es ja das Waveboard. Und damit kannst du auf jeder Straße surfen! Allerdings gibt es einige sicherheitsregeln zu beachten: Nutze dein Waveboard nur auf ruhigen Straßen oder Plätzen. Vergiss nicht, deinen helm aufzusetzen und Knie- und Ellenbogenschützer anzuziehen. Denn vor allem Anfenger fallen öfter hin. Mit ein bisschen Übung wird dir das Fahren gut gelingen. Höchste Zeit, erste Triks und Sprünge zu üben.

Es ist das Wort _______________________.

1 Lies den Text. Welches Wort hat der Computer nicht gekannt und deshalb markiert, obwohl es richtig geschrieben ist?

Fehlerwort	Strategie	richtiges Wort
mus	B	muss
faren	_______	___________________
Schne	_______	___________________
der helm	_______	___________________
der Anfenger	_______	___________________
die Triks	_______	___________________

A Nomen schreibe ich groß. Nomen haben einen Artikel.

B Höre ich nach einem kurzen Vokal nur einen Konsonanten, so verdopple ich ihn. **Achtung!** Der Doppelkonsonant **kk** wird **ck** geschrieben.

C Ich suche verwandte Wörter.

D Manche Wörter muss ich mir merken und auswendig lernen.

2 Verbessere die Wörter, die der Computer unterstrichen hat. Schreibe auf, welche Strategie dir dabei geholfen hat.

_______________________________   _______________________________

3 Zwei Fehler hat der Computer nicht entdeckt und markiert. Schreibe die Wörter richtig auf.

Tiger und Co.

~~Vampir~~   Delfin   Kabine   Cousine   Video   Biber   wir   mir   Violine

Mandarine   Nilpferd   Bleistiftmine   Kino   Igel   Benzin   Ventil   Sirene   Tiger

Vampir, ____

____

____

1 Schreibe die Wörter ab wie ein Profi.

2 Zeichne Silbenbögen ein.

-bel • -ber • Bi- • Bi- • -chen • Cou- • -da- • -di- • Gar-
Ka- • -li- • Man- • -ne • -ne • -ne • -ne • -ne • -nin-
-pir • Po- • -ri- • Ro- • -si- • -si- • -tro- • Vam- • Zi- • -zist

Blutsauger: _______________   saure Frucht: _______________

wichtiges Buch: _______________   Wassertier: _______________

Tochter deiner Tante: _______________   dünner Vorhang: _______________

getrocknete Traube: _______________   kleine Südfrucht: _______________

Ordnungshüter: _______________   Haustier: _______________

3 Setze die Silben zu sinnvollen Wörtern zusammen. Schreibe sie auf.

  Lass dir alle Wörter von einem Partnerkind diktieren.

Merkwörter mit langem *i*

Die Fälle des Nomens

Auf dem Schulhof steht der Polizist. Die Kinder holen
die Fahrräder. Die Kinder zeigen dem Polizisten ihr Können.
Das Lächeln des Polizisten zeigt, dass er zufrieden ist.

Wer oder was steht auf dem Schulhof?

der Polizist – Wer-Fall

Die vier Fälle
des Nomens
in einem Text
zu erkennen
fällt mir

(1) Schreibe die Fragen zu den unterstrichenen Nomen.
Schreibe das Nomen und den Fall dazu auf.

_____ | 4

Wörter mit langem i

Wörter mit
langem i
richtig zu
schreiben
fällt mir

(2) Schreibe die Wörter mit **i** auf. Streiche die zwei Wörter mit **ie** durch.

_____ | 8

→ S. 169, 170

Texte korrigieren

Haus

Jeden Tag bewegen wir uns fort. Sobald wir das ~~haus~~ verlassen,

sind wir zu Fuß, mit dem Fahrrat, dem Auto oder mit öfentlichen

Verkehrsmitteln unterwegs. dabei werden unzehlige Liter

Benzien verbraucht. Lebensmittel und andere Güter sind teglich

zu uns auf dem Wek. Sie werden mit dem Lkw, der Eisenbahn,

dem schiff oder dem Flukzeug transportiert.

1 Finde noch neun Fehler.
Streiche die Fehlerwörter durch
und schreibe sie richtig darüber.

Fehler zu
finden
fällt mir

_____ | 9

Aus Verben werden Nomen

Wenn wir am Rande einer Straße **spielen**_____ , müssen wir gut

aufpassen. Beim _____________ gerät man sonst leicht auf die Fahrbahn.

Deshalb _____________ wir immer auf den Bordstein. Er ist die Grenze.

Auch das _____________ ist auf der Straße gefährlich und deshalb auch

verboten. Nur in Spielstraßen darf man mit Inline-Skates _____________ .

Zu erkennen,
wann ein
Verb sich in
ein Nomen
verwandelt,
finde ich

~~SPIELEN~~ · SPIELEN · ACHTEN · SKATEN · FAHREN

2 Setze die Wörter sinnvoll in die Lücken ein.
Achte auf Groß- und Kleinschreibung.

_____ | 4

Zu Handlungen Stellung nehmen

Startläufer

Ich bin so nervös. Ich kann nicht mehr einschlafen.
Ich habe Angst. Ich glaube, ich pack das nicht.
Soll ich absagen? Nein, ich freu mich doch so,
und die anderen brauchen mich. Die ganze Klasse feuert uns an.
Aber wenn ich hinfalle? Oder wenn ich den Staffelstab verliere?
Vielleicht sind die anderen Startläufer auch schneller.
Nein, das tu ich mir nicht an. Ich tu jetzt einfach so, als hätte ich
Bauchschmerzen: „Mama! Mama! Mein Bauch tut so weh!" …

Ich finde sein Verhalten schlecht, / gut, weil _______________________________________

____

____

Zu Handlungen Stellung zu nehmen fällt mir

_____ | 4

1 Wie findest du das Verhalten des Jungen? Begründe.

Die Fälle des Nomens

Die höchsten Gebäude

____________________________ , das am längsten als das höchste galt,

ist die 137 Meter hohe Cheops-Pyramide. Sie hielt über 4000 Jahre

den Rekord. 1439 wurde ____________________________ , das bis heute

Straßburger Münster heißt, dieser Titel zuerkannt. Große Mengen Stahl

machten dann den Rekord ____________________________ möglich, das seit

1889 in Paris steht. Der Eiffelturm war mit 317 Metern Höhe lange

Rekordhalter. Heute bewundern die Touristen ____________________________ ,

das mit 828 Metern derzeit den Rekord hält. Sein Name ist Burj Khalifa.

Es steht in den Vereinigten Arabischen Emiraten.

Die Fälle des Nomens richtig zu verwenden fällt mir

_____ | 4

2 Setze den passenden Fall des Nomens Gebäude mit Artikel ein.

→ S. 169, 170

115

Wörter mit langem i

Kleine Tierkunde

T____re mit den Namen B____ber, N____lpferd, Sard____ne,

Delf____n, Krokod____l, ____gel und T____ger

leben auf versch____denen Kont____nenten.

Den langen i-Laut in Wörtern richtig zu schreiben fällt mir

1 Ergänze **ie** oder **i**. Du kannst ein Wörterbuch nutzen.

____ | 10

Nachschlagen im Wörterbuch

________________________ S. ______

________________________ S. ______

________________________ S. ______

________________________ S. ______

________________________ S. ______

________________________ S. ______

Wörter mit langem i im Wörterbuch zu finden fällt mir

2 Schlage im Wörterbuch nach. Notiere die Seitenzahl. 

____ | 6

Diese Tipps möchte ich dir geben:

Zu Handlungen Stellung nehmen

☐ Du hast deine Meinung gut begründet.

☐ Begründe deine Meinung auch.

☐ ________________________

Die Fälle des Nomens

☐ Die Fälle des Nomens bildest du sicher.

☐ Arbeite mit den Fragen auf Seite 110.

☐ ________________________

Wörter mit langem i

☐ Du hast die **i**-Wörter gut gelernt.

☐ Lerne die **i**-Wörter auf Seiten 112 nochmals gründlich. Nutze ein Wörterbuch.

☐ ________________________

Nachschlagen im Wörterbuch

☐ Du schlägst sicher nach.

☐ Suche Wörter mit langem **i** erst unter **ie**, dann bei **i**, **ih** oder **ieh**.

☐ ________________________

Eine Zeitung entsteht

Titelseiten-Abc

· KINDER - LEXIKON ·

Anreißer

Kurze Hinweise auf der Titelseite, die zum Weiterlesen der Artikel im Rest der Zeitung reizen sollen

---

Die wichtigste Tagesmeldung auf der Titelseite. Sie hat eine besonders große Überschrift (= Schlagzeile) und steht möglichst weit oben. Der Aufmacher soll zum Kauf der Zeitung anregen.

Das Aufmacherbild dient als Blickfang und soll das Interesse wecken.

Sie steht wie ein Dach über einer großen Schlagzeile (siehe Schlagzeile).

Brief von Lesern zu Themen aus vergangenen Zeitungsausgaben. Über die Veröffentlichung entscheidet die Redaktion.

Die Schlagzeile ist wie eine Überschrift. Sie soll neugierig machen. Große Schlagzeilen haben eine Unterzeile (darunter), manchmal auch eine Dachzeile (oberhalb), bisweilen sogar beides. Die Schlagzeile fasst den Inhalt eines darunter stehenden Artikels zusammen.

Redaktionelle Texte in der Zeitung werden Artikel genannt. Sie beantworten die W-Fragen und geben Hintergrundinformationen. Leserbriefe zählen nicht dazu.

Hier steht nicht nur der Name der Zeitung, sondern auch das Erscheinungsdatum, der Preis und oft auch die Einstellung des Herausgebers, zum Beispiel **überparteilich**.

244

Schlagzeile   Zeitungskopf   Anreißer   Dachzeile   Leserbrief

Bildaufmacher   Zeitungsartikel   Aufmacher

1 Schreibe die Fachbegriffe für die Bestandteile einer Titelseite zu den Erklärungen.

Die Titelseite einer Tageszeitung kennen

Kriegen Enten kalte Füße? Warum frieren Enten im Winter eigentlich nicht die Füße ab? *Siehe unter „Wissenschaft".*

Die „i-Dötzchen" kommen! Jedes Jahr, wenn im ganzen Land Tausende von Erstklässlern erstmals in die Grundschulen gehen, hat die Polizei ein wachsames Auge auf sie. *Siehe unter „Lokales".*

Ein Preis für Umweltsünder

Der „Dinosaurier"

Bald ist es so weit, gespannt warten alle auf die Nominierung des Preises für Umweltsünder, den „Dinosaurier". Gewonnen, wie peinlich! Manche Auszeichnungen sind kein Grund zur Freude. Dazu gehört auch der „Dinosaurier". Ihn verleiht der Naturschutzbund Deutschland (NABU) jedes Jahr zwischen Weihnachten und Neujahr an Menschen, die nach Meinung des NABU in Sachen Umweltschutz besonders altmodisch gehandelt und dadurch der Natur geschadet haben. Zu den Preisträgern gehörten zuletzt Politiker und Manager.

Der Preis ist ein Dinosaurier aus Zinn. Er wiegt fast drei Kilogramm. Der NABU vergibt ihn seit 1993.

1 Schreibe die Fachbegriffe zu einer Titelseite auf. Das Lexikon auf Seite 117 hilft dir.

2 Welche beiden Begriffe aus dem Lexikon auf Seite 117 fehlen hier? _______________________

3 Schreibe einen Leserbrief zu einem aktuellen Zeitungsartikel deiner Wahl. → **Tipp**

Tipp

Zum Artikel …:
Ich finde, …
Meiner Meinung nach …

Zeitschriften für Kinder

Ida findet Tim Bendzko süß.

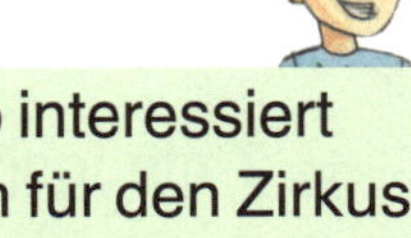

Leo interessiert sich für den Zirkus und die Tiere dort.

Carlo möchte gerne wissen, wieso Heißluftballone fliegen.

Selma interessiert sich für Fußball.

John findet fleischfressende Pflanzen toll und liest alles dazu.

Zeynep ist Sportlerin – sie will immer gewinnen!

Mein SPIEGEL	GEOmini	GEOlino	ZEIT Lila
Dein SPIEL	ZEIT Leo	GEOloni	Dein SPIEGEL

1 Welche Zeitschriften findest du hier? Kreuze an.

2 Welches Kind möchte wohl welche Zeitschrift kaufen? Verbinde.

3 Markiere die Wörter, die dir beim Zuordnen geholfen haben.

Man muss nicht immer alle Zeitschriften selbst kaufen. Welche Ideen hast du, um günstig zum Lesen zu kommen? **Oder:** Bringe gelesene Zeitschriften von dir mit in die Schule. Organisiert eine Tauschbörse oder eine Klassenausleihe.

Die Zeitungsente

Als **Zeitungsente** wird eine Falschmeldung in der Zeitung bezeichnet.
Darunter versteht man sowohl bewusste Fälschungen als auch Irrtümer.

Aufblasbares Schulhaus

Bürgermeister und Schulleiter gehen völlig neue Wege. Gestern wurde das aufblasbare Schulhaus eingeweiht. Einem staunenden Publikum wurde gestern das neue ==Entenhausener Schulhaus== vorgestellt. ==Mit zwei Luftpumpen== ausgestattet demonstrierten der Bürgermeister und der Schulleiter gemeinsam, wie einfach und (fast) mühelos das Bauwerk überall da zu errichten ist, wo es notwendig wird. ==Architekt Düsentrieb== versicherte, dass die Haltbarkeit und Sicherheit der neuartigen und bisher einmaligen Konstruktion der eines normalen Schulhauses sogar überlegen sei. Den Schülern machte es jedenfalls großen Spaß, auf ihrem „neugebauten" Schulhaus herumzuhüpfen. Allerdings wird das die Schul- und Hausordnung in Zukunft leider nicht mehr zulassen. „Am ersten Tag drücken wir aber noch ein Auge zu", meinte schmunzelnd der Schulleiter. Unklar ist noch, welchen Namen die neue Schule tragen soll. Unser Vorschlag: ==Gumminasium==.

☐ Zeitungshuhn   ☐ Zeitungsschwan   ☐ Zeitungsente   ☐ Zeitungspute

1 Wie nennt man eine Falschmeldung in einer Zeitung? Kreuze an.

2 Markiere Stellen, die dir zeigen, dass dies eine Zeitungsente ist. Schreibe auf.

3 Woher kennst du die genannten Personen und Orte?

🐾 An einem Tag im Jahr gibt es in fast jeder Tageszeitung eine Zeitungsente.
An diesem Tag erlaubt man sich gerne Scherze mit Mitmenschen. Welcher Tag ist es?

🐾 Erfinde selbst eine Zeitungsente.

Druckmedien kennen –
die „Ente" → **S. 145**

Salzwasser in der Ostsee

STRALSUND (dpa). In der Ostsee sind zwei Delfine gesichtet worden, die normalerweise in wärmeren Gewässern zu Hause sind. Sie sprangen fröhlich umher und lächelten scheinbar glücklich über das warme Wasser. Das sei eine kleine Sensation, sagte der Direktor des Deutschen Meeresmuseums, Harald Benke, nach Auswertung der Fotografien. Die Fotos waren gestochen scharf und in Farbe, denn der Fotograf hatte die Kamera gerade neu zum Geburtstag geschenkt bekommen. Die Besatzung eines Bundespolizeischiffes hatte die beiden Tiere am Sonntag fotografiert. Davor hatten sie gefrühstückt, denn der Dienst begann schon um sechs Uhr. Der Gemeine Delfin ist normalerweise im Mittelmeer zu Hause. Die Ausbreitung in nördlichere Gewässer hänge wahrscheinlich mit der globalen Erwärmung der Meere zusammen, vermutet Benke. Nachdem Benke das Interview gegeben hatte, war er mit seinen Kindern im Schwimmbad verabredet.

1 Lies den Zeitungsartikel. Streiche die vier überflüssigen Sätze. ⟶ **Tipp**

2 Markiere die Schlagzeile.

3 Ist die Schlagzeile passend? ⟶ **Tipp**

4 Passt das Foto zum Text? Begründe. ⟶ **Tipp**

5 Schreibe den Artikel mit einer passenden Schlagzeile und allen wichtigen Sätzen auf.

Verändere selbst einen kurzen Zeitungsartikel durch unwichtige Sätze und ein falsches Bild so, dass er lustig wird.

> **Tipp**
> - Ein Zeitungsartikel beinhaltet nur Wichtiges.
> - Die Schlagzeile weckt Interesse.
> - Passende Fotos unterstützen den Text.

An der deutschen Nordseeküste ist gestern der erste Heuler der Saison entdeckt worden. Er schrie verzweifelt nach seiner Mutter, die er im Sturm verloren hatte. Gefunden wurde er von Schülern, die auf Klassenfahrt an der Nordsee waren. Die Kinder freuten sich und spielten später in ihren Zimmern Verstecken. Das 48 cm große und 7,6 kg schwere Robbenbaby ist eine Frühgeburt und wurde zur Seehundstation Friedrichskoog in Schleswig-Holstein gebracht, teilte die Stationsleiterin mit. Diese hatte nachmittags noch Zahnschmerzen und musste sich krankschreiben lassen.

Hier wird der Seehund aufgepäppelt, bis er das für die Auswilderung nötige Mindestgewicht von 25 kg erreicht hat. Zum Füttern wird ein blauer Eimer verwendet. Heuler sind von den Muttertieren verlassene Seehundjunge. Experten zufolge haben sich die Frühgeburten in den letzten Jahren zeitlich nach vorne verschoben.

| | Seestern | | Seeelefant | | Seehund | | Seelöwe |

1 Lies den Text. Um welche Tierart geht es? Kreuze an.

2 Lies den Artikel. Markiere die Antworten auf die vier W-Fragen.

3 Streiche überflüssige Sätze.

4 Finde eine geeignete Schlagzeile und schreibe sie über den Artikel.

	Er ist spannend geschrieben. (WO)		Er beantwortet die W-Fragen. (EK)
	Er ist sachlich geschrieben. (NO)		Er soll informieren. (ÜS)
	Er vermeidet wörtliche Rede. (RD)		Er braucht keine Schlagzeile. (OS)
	Die Zeitform ist Präteritum. (SE)		Er unterstützt das Geschriebene mit Fotos. (TE

Lösungswort:

5 Kreuze an. Was macht einen guten Artikel aus?

Schreibe selbst einen Artikel über etwas, das dich interessiert.

dpa – was ist das?

a) „dpa" nennt man die „Deutsche Presse-Agentur".

Die „Deutsche Presse-Agentur" nennt man „dpa".

Nennt man die „Deutsche Presse-Agentur" „dpa"?

Akkusativobjekt (**Wen?** oder **Was?**): Deutsche Presse-Agentur

b) Eine Presseagentur liefert Nachrichten.

____

____

Akkusativobjekt (**Wen?** oder **Was?**): ______________________

c) Diese Nachrichten enthalten Informationen.

____

____

Akkusativobjekt (**Wen?** oder **Was?**): ______________________

d) Der Journalist schätzt die „dpa".

____

____

Akkusativobjekt (**Wen?** oder **Was?**): ______________________

1 Kreise die Satzglieder ein.

2 Stelle jeden Satz zweimal um.

3 Bestimme das Akkusativobjekt.
Frage **Wen** oder **Was?**. Schreibe auf.

dpa • • •

Die **Deutsche Presse-Agentur GmbH (dpa)** ist die führende deutsche Nachrichtenagentur und eine der großen in der Welt. Ihre Mitarbeiter berichten in Wort, Bild, Grafik und Ton rund um die Uhr aus aller Welt.

Aus der Zeitung

a) Geburtsanzeigen mögen viele Großeltern.

Viele Großeltern mögen Geburtsanzeigen.

Mögen viele Großeltern Geburtsanzeigen?

Akkusativobjekt: Wen? oder Was? Geburtsanzeigen

b) Der Paparazzi fotografiert berühmte Menschen.

____

____

Akkusativobjekt: _______________________________

c) Werbung verursacht hohe Kosten.

____

____

Akkusativobjekt: _______________________________

d) Die Kinder lösen gerne Rätsel.

____

____

Akkusativobjekt: _______________________________

e) Der Zeitungsbote verlässt sein Bett früh.

____

____

Akkusativobjekt: _______________________________

1 Kreise die Satzglieder ein.

2 Stelle jeden Satz zweimal um.

3 Bestimme das Akkusativobjekt. Frage **Wen** oder **Was?**. Schreibe auf.

  Das Akkusativobjekt ermitteln → S. 171, 174   139

In der Redaktion

Die Lehrerin ruft: „Kommt bitte her. Wir haben jetzt Redaktionssitzung!"

1 Markiere im Satz die Redezeichen.

Lars meint: „Ich finde _______________________________________

____ bemerkt Linus.

____ findet Samuel.

____

____ rätselt Selina am Computer.

Pauline ruft: _______________________________________

Mieke sagt: _______________________________________

2 Schreibe auf, was die Kinder sagen.
Denke an die Satzzeichen beim nachgestellten Begleitsatz.

3 Markiere die wörtliche Rede. Unterstreiche den Begleitsatz.

Satzzeichen der wörtlichen Rede
erkennen und verwenden → S. 184

Wurde das wirklich so gesagt?

⚀	Gerne bade ich im Winter	⚀	schreit Carsten	⚀	in unserem Badezimmer
⚁	Oft segle ich im Sommer	⚁	versichert Nele	⚁	auf dem Wannsee in Berlin
⚂	Bei Regen patsche ich munter	⚂	flüstert Evan	⚂	mit Gummistiefeln in Pfützen
⚃	Nachts schwimme ich	⚃	verrät Anne	⚃	mit Schwimmreifen im See
⚄	In die Wellen springe ich	⚄	behauptet Hakan	⚄	nur bei Windstärke 8 oder mehr
⚅	Tauchen mag ich gerne	⚅	meint Said	⚅	wenn das Wasser nicht so tief ist

⚀ ⚃ ⚂ „Gerne bade ich im Winter", verrät Anne, „mit Gummistiefeln in Pfützen."

1. Bilde selbst Sätze. Nimm dafür einen Würfel und würfle dreimal.
2. Schreibe mindestens drei gewürfelte Sätze auf. Achte auf die Satzzeichen und die Redezeichen.
3. Bilde noch weitere Sätze durch Würfeln. **Oder:** Denke dir selbst eine solche Aufgabe aus.

Akkusativobjekt erkennen

a) Zeitungen druckt man spät in der Nacht.

__Spät in der Nacht__

b) Man veröffentlicht am liebsten aktuelle Meldungen.

c) Viele lesen die Zeitung meist zum Frühstück.

Das Akkusativobjekt zu finden fällt mir

1 Stelle jeden Satz zweimal um. Bilde auch einen Fragesatz.

2 Markiere das Akkusativobjekt.

_____ | 6

Akkusativobjekt

Der Chefredakteur nimmt den Kugelschreiber.
Die Artikel schreibt jeder Redakteur selbst.
Am meisten nervt den Drucker der Lärm in der Druckerei.
Der Kurier stellt sein Fahrrad an den Gartenzaun.
Die Zeitung holt der Dackel Herkules aus dem Garten.
Am Frühstückstisch liest die Mutter die Politikseiten.
Die Witze liest Swantje nach der Schule.

Das Akkusativobjekt zu erfragen gelingt mir

3 Markiere in jedem Satz das Akkusativobjekt.

_____ | 6

→ S. 171, 174  **127**

Zeichensetzung der wörtlichen Rede

Das Kleinkind weint	Es ist zu laut	Die Marktfrau ruft	Wo bleibt mein Kaffee?	Der Sportler behauptet

Frische Fische!	Mama, wo bist du?	brüllt der Gast.	Das Spiel gewinne ich.	stöhnt die Lehrerin.

__Das Kleinkind weint:__ ________________

____

____

____

____

____

Die Zeichensetzung bei der wörtlichen Rede zu verwenden ist für mich

1 Verbinde die Personen mit dem, was sie sagen.

2 Schreibe die Sätze richtig auf. Setze die Redezeichen ein.

_____ | 8

Zeichensetzung beim eingeschobenen Begleitsatz

„Wie war der Sprung", will Karl nach dem ersten Durchgang im Turmspringen wissen hab ich noch Chancen auf den Sieg?

Spiel doch ab brüllt Türkan wütend ich steh besser zum Tor!

Fanden es die Gäste schön fragte Charlotte ihre Mutter nach dem Ballett oder haben sie die kleinen Fehler bemerkt?

Los, spring flüstert Max seinem Pferd ins Ohr nur noch dieser letzte Graben, dann haben wir es geschafft.

Die Satzzeichen bei eingeschobenen Begleitsätzen zu verwenden, finde ich

3 Setze passende Satzzeichen und die Redezeichen ein.

_____ | 4

   → S. 184

Druckmedien kennen

Die Erfindung der Zeitung

Im Jahre 1605 erschien in Straßburg erstmals eine Wochenzeitung.
1609 kam in Wolfenbüttel der „Aviso" (= Ankündigung oder Nachricht)
heraus. Die erste täglich erscheinende Zeitung erblickte 1660
in Leipzig das Licht der Welt. Sie trug den knappen Titel
„Einkommende Zeitungen" – also eintreffende Nachrichten.
Wer im 17. Jahrhundert Zeitung las, gehörte noch einem exklusiven
Kreis an. Die Blätter hatten eine geringe Auflage (durchschnittlich
300 Exemplare) und waren deswegen entsprechend teuer.
Umgerechnet würden sie heute mehr als 20 Euro kosten.

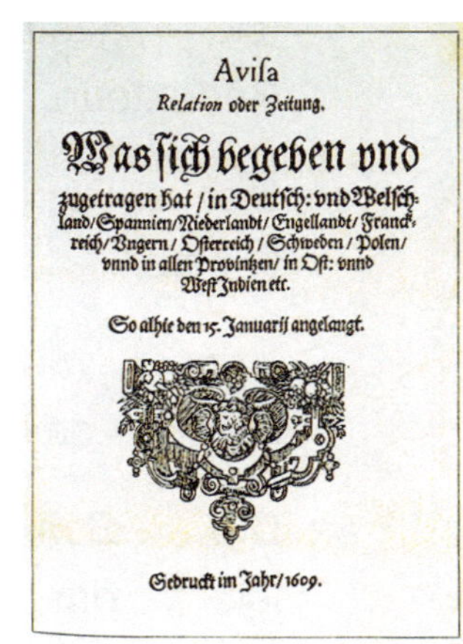

	„Aviso" heißt Nachtisch.
	Die erste Tageszeitung erschien in Leipzig.
	Die erste Zeitung war eine Tageszeitung.
	Zeitungen wurden schon immer von vielen Menschen gelesen.
	Die Anzahl der gedruckten Zeitungen hat etwas mit dem Preis zu tun.

Den Inhalt
von Texten
zu verstehen
fällt mir

1 Kreuze die richtigen Aussagen an.

_____ | 5

Akkusativobjekt

Die neue Postbotin beißt einen Hund beim Austragen der Briefe.

Ein dummer Einbrecher verliert seinen Ausweis beim Überfall.

Ein fünfjähriger Junge findet den Schatz des Pharao im Vorgarten.

Deutsche Forscher züchten eckige Bananen.

Die Seeheimer Bürgermeisterin schließt das neue Freibad

wegen Überflutung.

Akkusativ-
objekte im
Text
zu finden
fällt mir

2 Kreise die Satzglieder ein.
Markiere die Akkusativobjekte.

_____ | 10

→ S. 171, 174  **129**

Zeichensetzung der wörtlichen Rede

Ich   gestalte   gern   die   Titelseite   verrät   der   Redakteur.

Die   Reporterin   meint   Ich   mache   am   liebsten   Interviews   mit   Promis.

Über   meine   Karikaturen   lachen   viele   Menschen   hofft   der   Zeichner.

Die   Schlagzeile   meint   der   Chefredakteur   ist   am   wichtigsten.

Der   Fotograf   jubelt   Ich   habe   heute   das   Foto   des   Jahres   geknipst!

Die Satz- und Redezeichen der wörtlichen Rede richtig zu verwenden fällt mir

.

1 Setze die fehlenden Satz- und Redezeichen ein.

_____ | 5

Arbeit mit dem Wörterbuch

abschreiben / apschreiben  S. _______

endfernen / entfernen S. _______

verstehen / ferstehen S. _______

entdecken / enddecken  S. _______

forstellen / vorstellen S. _______

Wörter im Wörterbuch zu finden ist für mich

.

2 Schlage die Wörter im Wörterbuch nach. Streiche das falsche Wort durch. Notiere die Seitenzahl.

_____ | 5

Diese Tipps möchte ich dir geben:

Druckmedien kennen

☐ Du kannst Inhalte von Texten gut verstehen.

☐ Lies langsamer. Nutze Bilder zum Verständnis.

☐ _________________________________

Akkusativobjekt

☐ Das Akkusativobjekt erkennst du problemlos.

☐ Verwende die Frage **Wen** oder **Was?**.

☐ _________________________________

Zeichensetzung der wörtlichen Rede

☐ Du setzt die Satz- und Redezeichen sicher.

☐ Denke an **: „ "** und **,** .

Nachschlagen im Wörterbuch

☐ Du schlägst sicher nach.

☐ Merke dir als Wortbausteine **ver-**, **vor-**, **ent-** und **ab-**.

☐ _________________________________

Europa

Rekorde in Europa

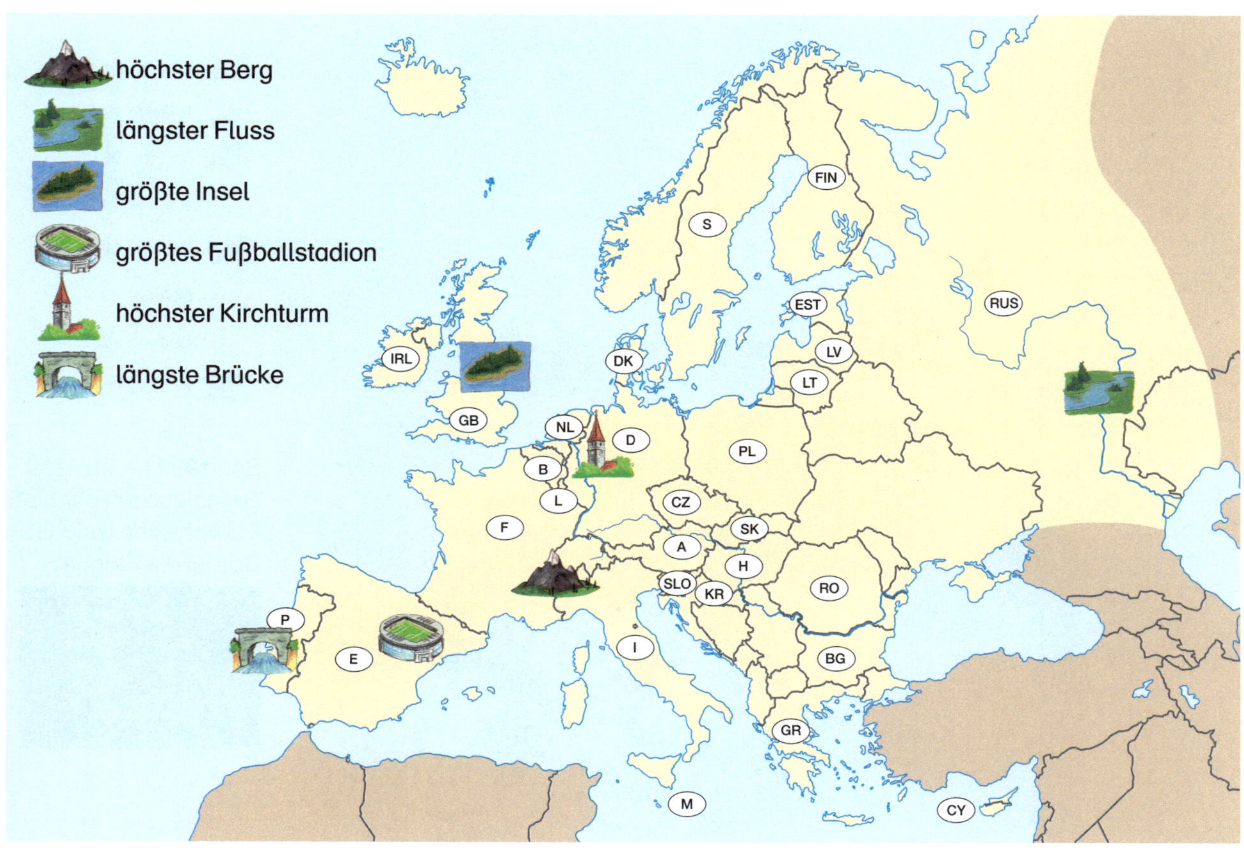

Der höchste Berg Europas steht in Frankreich / Italien.

---

1 Sieh dir die Piktogramme und die Länder an.
Welche Rekorde findest du in Europa? Schreibe auf.

2 Welches Land ist am größten? _______________________

Finde einen weiteren Rekord in Europa und notiere ihn.

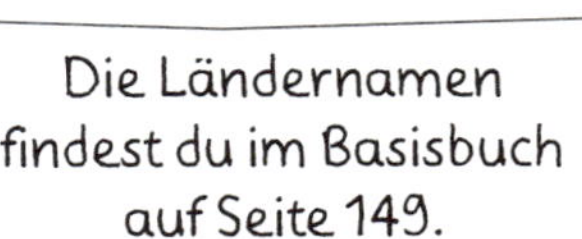

Von der Sechsergemeinschaft zur Europäischen Union (EU)

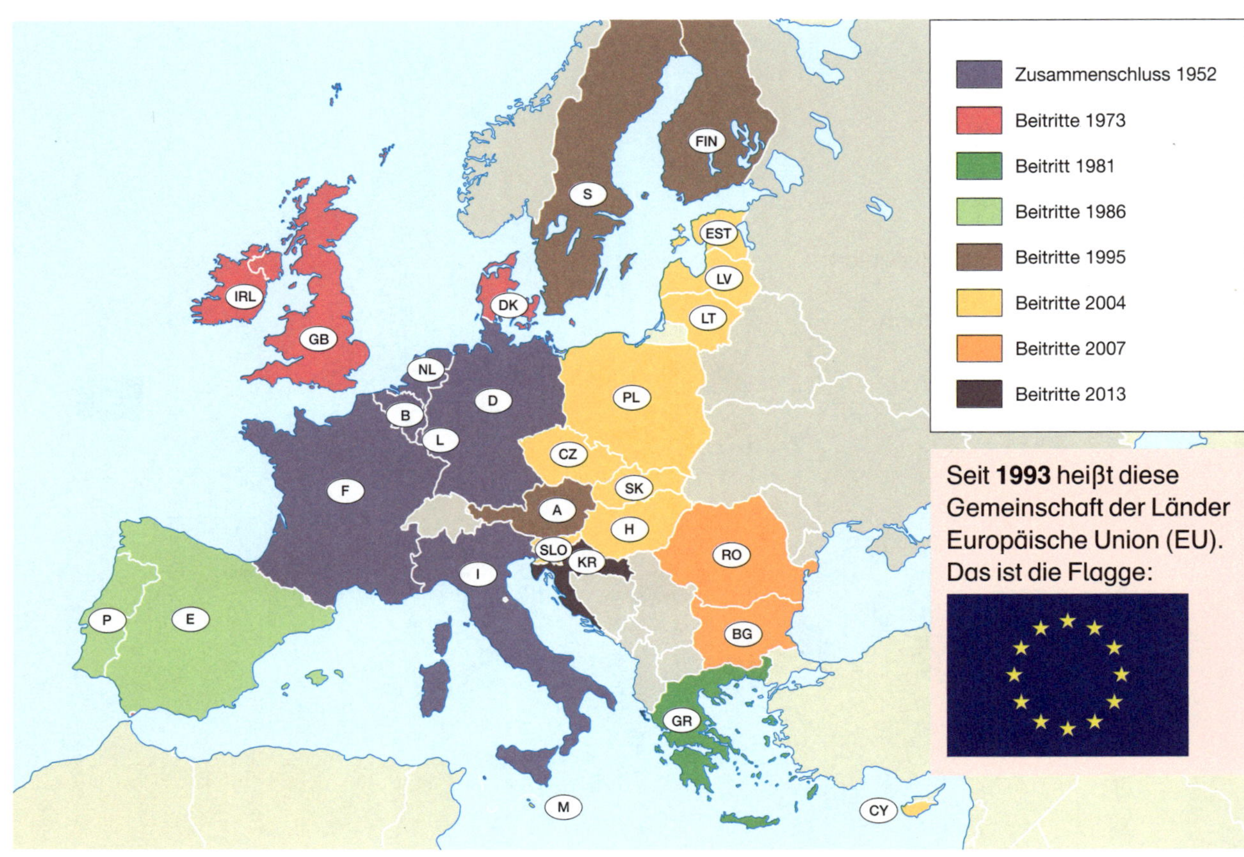

1952: Belgien, Deutschland, __________________________

____

1 Welche Länder schlossen sich als Erstes zu einer Gemeinschaft zusammen?

1973: ____

1981: ____

1986: ____

1995: ____

2007: ____

2013: ____

2 Ordne die Länder den Jahren ihres Beitritts zu.

 Informiere dich, welche Länder derzeit in die EU eintreten möchten.

Sehenswürdigkeiten in Europa

☐ Bei diesem Bauwerk handelt es sich um einen Turm. Er ist 324 m hoch. Er besteht aus Stahl. Auf der Turmspitze befindet sich eine Antenne. (F)

☐ Bei diesem Bauwerk handelt es sich um einen Turm. Er ist 96,3 m hoch. Seine Mauern sind aus Ziegelsteinen gebaut. Den Turm ziert eine Uhr. In dem Turm befindet sich die Glocke Big Ben. (GB)

Elizabeth Tower

Schiefer Turm von Pisa

Kölner Dom

Stefansdom

Eiffelturm

☐ Bei diesem Bauwerk handelt es sich um eine Kirche. Ihre beiden Türme sind ungefähr 157 m hoch. Die Fenster sind spitz und hoch. (D)

☐ Bei diesem Bauwerk handelt es sich um eine Kirche. Ihr höchster Turm ist 136,4 m hoch. Auf der Spitze befindet sich ein Doppelkreuz mit einem Doppeladler. Das Dach ist mit Dachziegeln in einem Zickzackmuster gedeckt. (A)

1 Welches Bauwerk gehört zu welcher Beschreibung? Schreibe die Nummer dazu. **Achtung!** Ein Bauwerk ist ohne Beschreibung.

Bei diesem Bauwerk handelt es sich

____

____

2 Beschreibe das übrig gebliebene Bauwerk genau.

3 Findet weitere Wahrzeichen der Länder Europas. Beschreibt sie.

Finde heraus, wo sich dieses Bauwerk befindet und was es darstellt.

Die Europäische Union (EU)

Die EU ist ein Zusammenschluss vieler Länder.
Die EU hat eine gemeinsame Flagge.

____

1 Was weißt du über die Europäische Union?
Kreuze an und schreibe auf.

Die Europäische Union (EU) ist eine Verbindung vieler demokratischer Länder in Europa. Den Namen „Europäische Union" erhielt die Gemeinschaft 1993 durch den „Vertrag von Maastricht". Der Hauptsitz der EU ist in Brüssel. Das ist die Hauptstadt Belgiens. Gemeinsam arbeiten die Staats- und Regierungschefs der EU-Länder dafür, dass es den Menschen, die dort leben, zunehmend besser geht. 2002 wurde der Euro als gemeinsames Zahlungsmittel eingeführt. Allerdings benutzen nicht alle EU-Länder diese Währung. In Großbritannien wird weiterhin mit Pfund, in Schweden mit der Schwedischen Krone und in Dänemark mit Dänischen Kronen gezahlt. Alle Länder in Europa dürfen einen Antrag stellen, um der EU beizutreten. Die Anträge werden sorgfältig geprüft und nicht jedes Land wird akzeptiert. Manche Länder in Europa entscheiden sich gegen einen Beitritt in die EU, zum Beispiel die Schweiz und Norwegen.

	Das wusste ich schon:	Das war neu:
_______________________________		
_______________________________		
a) Wird überall in Europa mit Euro bezahlt?	☐	☐
_______________________________		
_______________________________		
_______________________________		
b) Was legte der Maastrichter Vertrag fest?	☐	☐

2 Beantworte die Fragen. Markiere die Antworten im Text.

3 Kreuze an, was du schon wusstest und was neu für dich war.

Urlaub auf Malta

Echte Ritter
Fast 300 Jahre herrschte in Malta
ein echter Ritterorden.
Er verteidigte Malta gegen Angriffe
anderer Länder.
Noch heute gibt es diesen Ritterorden.
Er nennt sich Malteserorden
und hilft Menschen in aller Welt.
Das Malteserkreuz ist sein Zeichen.

Bei uns bist du live
dabei, wenn das Spiel-
zeug hergestellt wird.

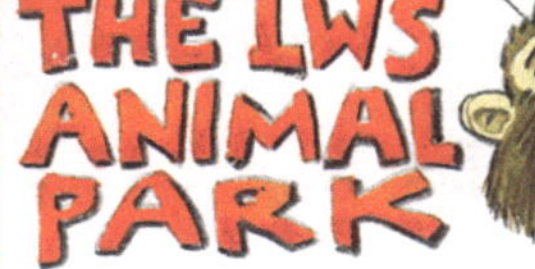

Tiere hautnah erleben:
Ein ganzer Tag inmitten
von artgerecht gehaltenen
Tieren für die ganze Familie

Ein großer Park,
der dich in die Welt
von Popeye einlädt
mit vielen zusätzlichen
Attraktionen

In unserem Wasserpark können
Sie die Tiere anfassen, z. B.
Delfine, Seelöwen, Papageien,
Schlangen und vieles mehr.

Die Möglichkeit zum
Schwimmen und sogar ein
Dinosaurierpark bieten einen
abwechslungsreichen Tag.

---

1 Suche Malta auf der Europakarte
auf Seite 132 im Arbeitsordner.
Beschreibe die Lage.

2 Markiere wichtige Informationen
zu Malta. → **Tipp**

Tipp

- Wo liegt Malta?
- Was ist die Landessprache?
- Was kannst du dort unternehmen?
- …

Weiter geht's auf Seite 136.

Wichtige Informationen erkennen und markieren

Steckbrief Malta

Land: **Malta**   Hauptstadt: **Valletta**   Einwohner: **ca. 420 000**

Sprache: ____

Sehenswürdigkeiten: ____________________________________

____

____

Besonderheiten: **Zwergstaat,** ___________________________

____

____

1 Ergänze den Steckbrief mit Informationen von Seite 135.

Steckbrief _______________________________________

Land: _________   Hauptstadt: _________   Einwohner: _____________

Sprache: ____

Sehenswürdigkeiten: ____________________________________

____

____

Besonderheiten: ____

____

2 Wähle ein anderes Land aus. Schreibe einen Steckbrief.

3 Verfasse einen Text, der über dein Land informiert.

   Mithilfe von vorstrukturierten Informationen
einen Steckbrief schreiben

Geschenkter Urlaub

a) Der Vater gratuliert Jonas zum Geburtstag.

b) Er schenkt ihm eine Städtereise.

c) Jonas gefällt das Geschenk sehr.

d) Er dankt seinem Vater.

1) Stelle jeden Satz zweimal um.

2) Kreise die Satzglieder ein.

3) Bestimme das Dativobjekt. Notiere es.

Dativobjekt mithilfe der Umstellprobe und der Frage
isolieren und identifizieren   → S. 171, 173

137

Unsere Hauptstadt Berlin

Berlin-Info

Stadt: Berlin
Einwohner: 3,3 Mio.
Größe: ca. 891 km^2
Bundesland: Berlin
Flüsse: Spree, Havel
Landeswappen: Berliner Bär

Berlin – die sehenswerte Hauptstadt Deutschlands

Liebe Kinder,
wart ihr schon einmal in Berlin? Noch nicht?
Dann schnell dorthin. Berlin bietet euch
unzählige Möglichkeiten, viel zu erleben.
Die Reste der Berliner Mauer laden
zum Entdecken deutscher Geschichte ein.
Die Seen bieten euch Gelegenheiten zum Baden.
Vielleicht möchtet ihr aber auch einfach nur
eine richtig leckere Currywurst essen?
Wenn eure Neugier geweckt ist, erzählt doch
euren Eltern davon.
Vielleicht könnt ihr sie ja auch begeistern.
Ich freue mich auf euch,
euer Berliner Bär

Ein Tag in Berlin

Gespannt stiegen Lisa und ich in die U-Bahn, um zu unserem nächsten Ziel in Berlin zu fahren. Es gab noch so viel zu sehen!
Die Bahn war total voll, wir standen alle dicht gedrängt. Meinen Rucksack stellte ich zwischen meine Beine auf den Boden. Auf einmal gab es einen Ruck. Ich stolperte nach vorne, konnte mich aber gerade noch an einer Stange festhalten. Da bemerkte ich, wie mein Rucksack sich von mir wegbewegte. Schnell trat ich mit meinem Fuß auf einen Henkel. Aber irgendetwas zog am Rucksack. Ich wollte ihn hochnehmen, aber das ging nicht. War das etwa ein Dieb? Ich hielt den Rucksack so fest ich konnte, da sah ich eine kleine weiße Schnauze. Ein Hund hatte den Rucksack geschnappt! Puh! Jetzt musste ich den Hund nur noch davon überzeugen, den Rucksack loszulassen …

1 = eher unterhaltsam   2 = eher informativ   3 = eher überzeugend

1 Welche Wirkung haben die Texte? Schreibe die richtigen Nummern dazu.

2 Markiere in jedem Text die Stellen, die für die Wirkung des Textes wichtig sind.

Mühelos fehlerlos schreiben

~~die Bahn~~   der Zahn   die Stühle   hohl   der Hahn

der Kohl   wohl   die Mühle   die Kühle

die Bahn ____________   ____________   ____________

____________   ____________   ____________

____________   ____________   ____________

1 Schreibe die Reimwörter untereinander.

fahren   die Gefahr   der Wohnwagen   ~~die Zaht~~

wohnen   der Zähler   das Fahrrad   die Wohnung   zahlen

-zahl-	-fahr-	-wohn-

die Zahl ____________   ____________   ____________

____________   ____________   ____________

____________   ____________   ____________

2 Sortiere die Wörter nach ihren Wortfamilien.

der Fehler   das Fohlen   der Draht   der Stuhl   sehr   das Jahr

die Uhr   mehr   wohl   der Sohn   die Wahl   das Huhn

ah	eh	oh	uh

3 Ordne die Wörter richtig in die Tabelle ein.

4 Finde weitere Wörter mit Dehnungs-h. 

Englische und französische Wörter

Chips   E-Mail   Diskussion   Toilette

1 Verbinde die Wörter mit dem Land, aus dem sie stammen.

Wort	Kon- trolle	Wort (auswendig)	Kon- trolle	Korrektur, wenn nötig

2 Übe die Fremdwörter aus Aufgabe 1.
a) Schreibe das Fremdwort in die erste Spalte.
b) Schreibe das Fremdwort auswendig in die zweite Spalte.
c) Kontrolliere mit der Vorlage. Wenn ein Wort falsch ist,
   schreibe es richtig in die dritte Spalte.
d) Markiere die schwierige Stelle.

~~Pommes frites~~ · Tourist · Batterie · Garage · Orange · Interview · Cousine · Toast

Frittierte Kartoffeln: **P O M M E S   F R I T E S**

Tochter deines Onkels / deiner Tante:

Frage-Antwort-Gespräch:

Speicher für Energie:

Zitrusfrucht:

Weißbrot:

Besucher im Ausland:

Raum für das Auto:

3 Löse die Rätsel.

Fremdwörter richtig schreiben   → S. 177, 178

Dativobjekt

Der Europa-Experte

Frau Lachner gibt den Kindern die Möglichkeit, einen Europa-Experten
kennen zu lernen. Prof. Dr. Zeuss vertraut der Europäischen Union
in allen Angelegenheiten. Dem intelligenten Europa-Experten stellt
Joscha besonders viele Fragen. Prof. Dr. Zeuss beantwortet
den neugierigen Kindern geduldig jede Frage. Die Klasse dankt ihm
mit einem lauten Applaus. Den interessierten Kindern verleiht
Prof. Dr. Zeuss zum Schluss eine Europa-Experten-Urkunde.
Frau Lachner bietet ihm noch Kaffee und Kuchen zur Entspannung an.

Wem? den Kindern

Das Dativ-
objekt
zu finden
fällt mir

1. Frage in jedem Satz nach dem Dativobjekt.
   Schreibe die Frage und die Antwort auf.

2. Markiere in jedem Satz das Dativobjekt.

____ | 12

Die Wirkung von Texten wahrnehmen

Dickes B

Dickes B, oben an der Spree
Im Sommer tust du gut und im Winter tut's weh
Mama Berlin – Backsteine und Benzin
Wir lieben deinen Duft, wenn wir um die Häuser zieh'n

Lyrics by Seeed

Die Wirkung
von Texten
wahrzu-
nehmen
fällt mir

| eher unterhalten | eher informativ | eher überzeugend |

3. Kreuze an, welche Wirkung dieser Text haben soll.

____ |3

Wörter mit Dehnungs-h und Fremdwörter

1 Markiere im Gitterrätsel noch zehn Wörter mit Dehnungs-h und zwölf Fremdwörter.

Dehnungs-h: die Bahn, ______________________________

____

____

____

Fremdwörter: ______________________________________

____

____

____

____

Merkwörter richtig zu schreiben fällt mir

2 Schreibe die Wörter mit Artikel richtig auf.

_____ | 22

→ S. 177, 178

Eine Karte lesen

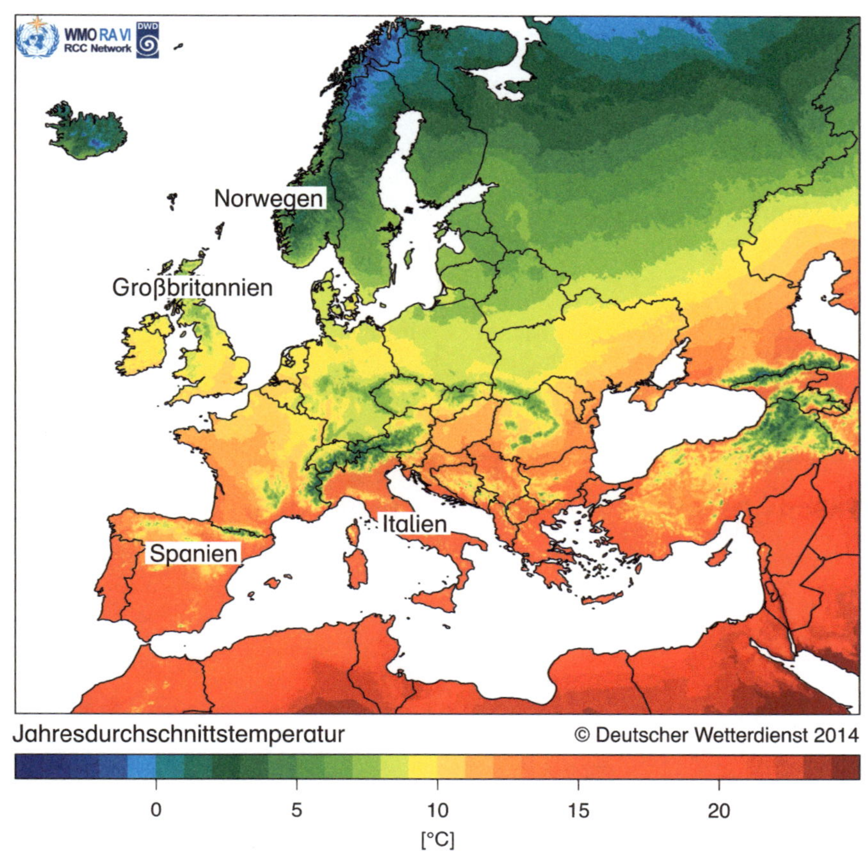

Im Norden Europas ist es meist kälter als im Süden.

Spanien ist eines der heißesten Länder Europas.

In Italien herrschen oft kühle Temperaturen.

In Großbritannien werden extrem heiße Temperaturen erreicht.

Norwegen ist ein Land mit eher kühlen Temperaturen.

Einer Karte Informationen zu entnehmen fällt mir .

1 Kreuze die richtigen Antworten an.

_____ | 5

Dativobjekt

Den Menschen in Europa geht es sehr gut.

Es fehlt den meisten weder an täglichem Essen noch an Trinkwasser.

Das Recht, in die Schule zu gehen, gehört allen Kindern Europas.

Vielen Erwachsenen fehlt leider ausreichend Arbeit.

Alle müssen ihnen mit Ideen helfen.

Das Dativobjekt zu finden fällt mir .

2 Kreise die Satzglieder ein. Markiere in jedem Satz das Dativobjekt.

_____ | 10

Wörter mit Dehnungs-h

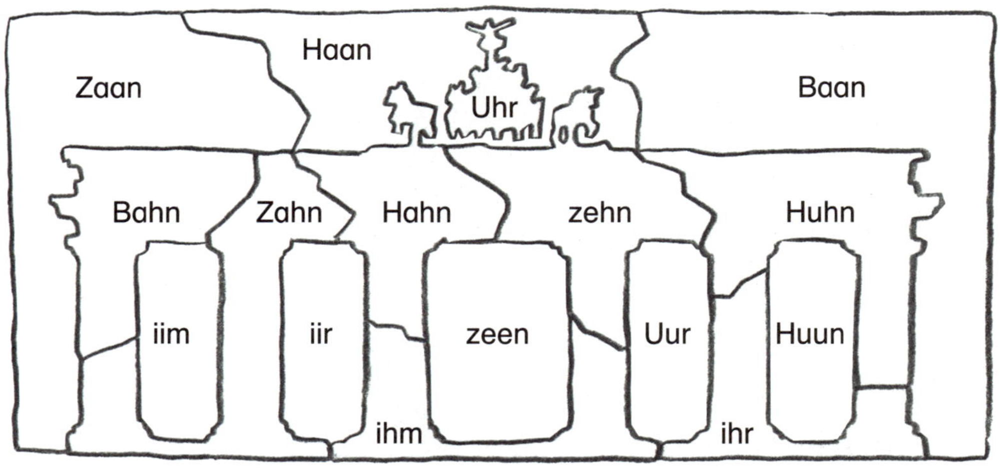

Merkwörter mit
Dehnungs-h
zu finden
fällt mir

1 Male die Felder mit den falsch geschriebenen Wörtern schwarz aus.

____ | 15

Nachschlagen im Wörterbuch

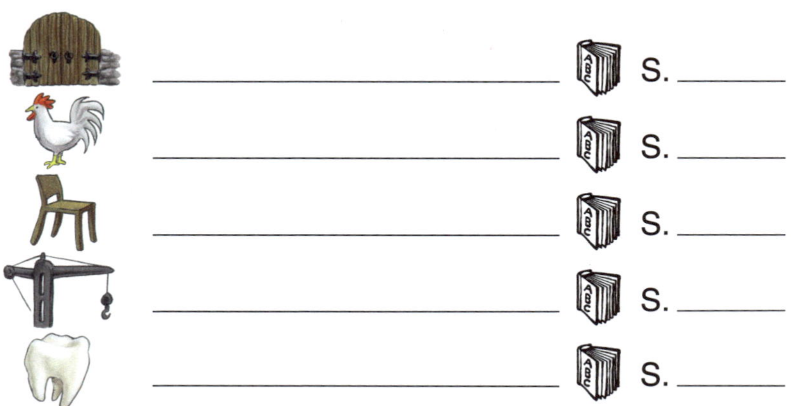

__________________ S. _____

__________________ S. _____

__________________ S. _____

__________________ S. _____

__________________ S. _____

Wörter mit
langem Vokal
nachzu-
schlagen
fällt mir

2 Schlage im Wörterbuch nach. Notiere die Seitenzahl. 

____ | 5

Diese Tipps möchte ich dir geben:

Zu Handlungen Stellung nehmen

☐ Du kannst Karten gut Informationen entnehmen.

☐ Achte auf die Temperaturskala unter der Karte.

☐ __________________________

Dativobjekt

☐ Dativobjekte findest du sicher.

☐ Stelle die **Wem?**-Frage.

☐ __________________________

Wörter mit Dehnungs-h

☐ Du erkennst diese Wörter mit Dehnungs-h.

☐ Achte darauf, ob im Wort ein **h** ist, das du nicht hörst. Ein solches Wort musst du auswendig lernen.

☐ __________________________

Nachschlagen im Wörterbuch

☐ Du schlägst sicher nach.

☐ Schlage Wörter mit langem Vokal zunächst ohne **h** und dann mit **h** nach.

☐ __________________________

Lesen

Mit dem Zug verreisen

Zeichenerklärung

Züge im Fernverkehr

ICE **Intercity-Express**
Hochgeschwindigkeitszug; ICE-Fahrkarte notwendig

EC **Eurocity**
Internationaler Reisezug; IC/EC Fahrkarte notwendig

IC **Intercity**
Nationaler Reisezug; IC/EC Fahrkarte notwendig

❙❙ Bordrestaurant

🍴 Bordbistro

🚲 Fahrradmitnahme begrenzt möglich;

∎ **tarifliche Ausschlusszeiten beachten**

🚲 Zug mit Stellplätzen im Fahrradwagen, Mehrzweckabteil

🚲 Zug mit Stellplätzen im Fahrradabteil; Reservierung erforderlich

◉ bis hier sind alle Halte angegeben

✕ an Werktagen

Zeit *Time*	Zug *Train*	Richtung *Destination*	Gleis *Track*
		15:00	
15:10 Sa*	ICE 1108 🍴	Solingen 15:28 — Wuppertal 15:41 — Hagen 15:59 — **Dortmund 16:21** ◉ •auch 24. Dez	4 A–C
15:10	IC 2312 🍴	Düsseldorf 15:31 — Duisburg 15:44 — Essen 15:57 — Bochum 16:08 — Dortmund 16:21 — Münster 16:54 — Osnabrück 17:21 — Bremen 18:14 ◉ Hamburg Hbf 19:12 — **HH-Altona 19:27**	5
15:10 Mo – Fr, So*	IC 2341 ICE 1741 ❙❙ 🍴 🚲	Solingen 15:29 — Wuppertal 15:42 — Hagen 15:59 — Dortmund 16:21 — Hamm 16:43 ◉ Bielefeld 17:14 — Hannover 18:18 — Braunschweig 19:09 — Magdeburg 19:55 — Halle 20:51 — Leipzig 21:18 — **Dresden 22:38** •nicht 24., 25., 31. Dez	4
15:11 ✕ außer Sa	RB 24 12369 🚲 ∎	*Eifel-Bahn* K West 15:14 — K Süd 15:17 ◉ Erftstadt 15:32 — WEILERSWIST 15:38 — **Euskirchen 15:52**	9 E–F

	stimmt	stimmt nicht
Die Abfahrt aller Züge ist Köln Hbf.		
Der ICE 1108 fährt nach Dortmund.		
Der IC 2312 fährt nicht nach Dortmund.		
Im ICE 1741 befindet sich ein Bordrestaurant.		
Der ICE 1108 fährt nicht am Samstag.		
Die Eifel-Bahn fährt täglich.		

1 Kreuze an.

a) Auf welchem Gleis fährt die Eifel-Bahn? ______________________

b) Welchen Zug müsstest du wählen, wenn du nach Osnabrück fahren möchtest?

____

c) Wie lange wärst du mit diesem Zug unterwegs? ______________________

d) In welchen Zügen könntest du ein Fahrrad mitnehmen? ______________________

____

____

e) Was bedeutet das Wort **Track** auf dem Fahrplan? ______________________

2 Beantworte die Fragen.

Sportarten

In Altenholz konnten die Kinder bisher zwischen Turnen, Schwimmen,
Fußball und Handball wählen. Nun sollen noch mehr Sportarten angeboten werden.
Deshalb wurde eine Umfrage gemacht.
In dem Diagramm sind die Wünsche der Kinder dargestellt.

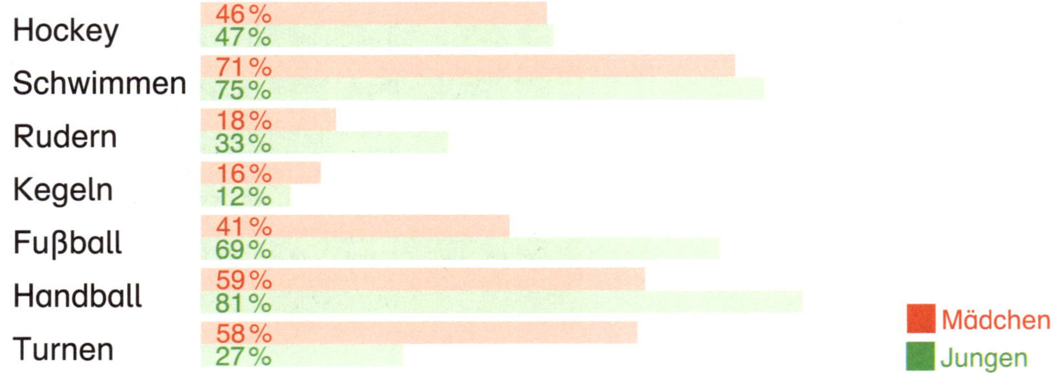

1 Wie viel Prozent der Mädchen möchten zum Turnen gehen? _______________________

2 Welche Sportart ist bei den Mädchen am beliebtesten? _______________________

Welche Sportart wird von den meisten Jungen gewünscht? _______________________

____

3 Welche gewünschten Sportarten wurden bisher noch nicht angeboten?

	ja	nein
An Hockey haben mehr Mädchen Interesse als Jungen.		
Es wollen mehr Jungen rudern als Mädchen kegeln.		
Es haben mehr Mädchen Interesse am Handball als Jungen am Turnen.		

4 Welche Aussagen stimmen? Kreuze an.

5 Welche Sportarten sollte die Gemeinde Altenholz im neuen Sportzentrum anbieten?
Gib deine Empfehlung ab und begründe sie.

In der Steinzeit

____

In der Steinzeit haben die Menschen sich die Materialien aus der Natur zunutze gemacht. Die harten und scharfen Feuersteine wurden als Messer, Bohrer und Pfeilspitzen benutzt. Im Wald fanden sie verschiedenes Holz für die Herstellung von Pfeilen und Bogen. Aus den Knochen, Tierzähnen und Geweihen der erlegten Tiere stellten sie Nadeln, Schaber und Angelhaken her. Tiersehnen dienten als Schnüre.

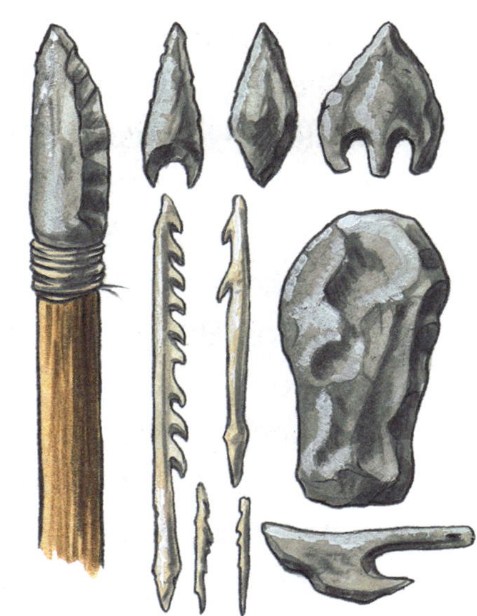

Wohnungen   Werkzeuge   Spiele

1 Schreibe zu diesem Abschnitt die passende Überschrift auf die Linie.

____

Die Steinzeitmenschen ernährten sich von dem, was sie in ihrer Umgebung finden konnten. Sie sammelten Pflanzen, Früchte, Samen, Wurzeln, Pilze, Honig und Eier. Mit den Händen oder mit Harpunen fingen sie Fische. Die Männer gingen auf Großwildjagd und verfolgten und erlegten Tiere wie Hirsche, Rentiere, Bären, Wildschweine und Mammuts. Je nach Größe machten diese Tiere die Menschen mehrere Tage satt.

____

Um große Tiere zu erlegen, versuchten viele Männer gemeinsam, die Tiere zum Beispiel in eine Grube zu jagen. Dazu hoben sie ein Loch aus. Zur Tarnung bedeckten sie es mit Ästen und Zweigen. Dann trieben sie das Tier hinein. Wenn es tot war, zerlegten sie es und brachten es zum Lagerplatz oder in die Höhle, in der sie lebten.

2 Finde selbst für jeden Abschnitt eine passende Zwischenüberschrift.

Der Bücherfresser

Stens Großvater vererbte der Familie seine Bücher,
die Decke, auf der sein Hund immer gelegen hatte, und
eine kleine Holzkiste, auf der stand: „Nur für Sten.
Unbedingt heimlich öffnen."
5 Die Decke wollten Stens Eltern nicht, wegen der
Hundehaare.
„Und all die Bücher!", stöhnte Mama. „Was sollen wir
mit denen?"
„Verfeuern!", schlug Papa vor. Da guckte Sten ihn ganz
10 streng an und sagte: „Also, ich verfeure deine Autozeit-
schriften nicht, wenn du mal tot bist." Papa wurde rot wie
ein Radieschen – und da schleppte er Opas Bücher auf
den Dachboden. 23 steinschwere Umzugskartons.
Danach musste er sich erst mal aufs Sofa legen.
15 Sten aber schlich auf den Dachboden, packte alle
Bücher aus und stapelte sie zu Wänden. Ein paar Mal
kippte alles zusammen, aber irgendwann war sie fertig,
seine Bücherhöhle. Als Dach nahm er die alte Decke
und als Beleuchtung Papas Taschenlampe.
20 Dann kroch er mit der „Unbedingt-heimlich-öffnen"-
Holzkiste hinein. Zwischen den Büchern roch es nach
Opa. Auf der Kiste klebte ein Brief.
„Hallo Sten! Ich weiß, du magst keine Bücher.
Hoffentlich hast du meine trotzdem aus eurem Ofen
25 gerettet. Für das was in der Kiste steckt, wirst du sie
nämlich brauchen. Bis irgendwann in einem anderen
Leben, Opa."
Sten wurde ganz kalt vor Traurigkeit. Sten fuhr sich mit
dem Ärmel über die Augen und riss das Paketband ab,
30 mit dem die Kiste zugeklebt war. Dann klappte er den
Deckel auf. Auf einem Haufen Papierschnipseln lag ein
pelziges Etwas.
Ein bisschen wie ein Meerschwein sah es aus.
„'n Stofftier?", murmelte Sten.

1 Schreibe die markierten Stichwörter in die rechte Spalte.

Weiter geht's auf Seite 149.

 Markierte Stichwörter notieren   24, 40

35 Aber als er nach dem Plüschding griff, kreischte es los.
Erschrocken ließ Sten es zurück in die Kiste fallen.
Das Pelzschwein grunzte aufgeregt vor sich hin.
„Reg dich ab, ich tu dir nichts!", flüsterte Sten. „Ehrenwort."
„Gib mir ein Buch!", lispelte das Pelzschwein.

40 „Ein knackig-knuspriges! Nein, warte – ein flüster-voll-
furchtbar-fantastisches, ja?" Sten zog vorsichtig
irgendein Buch aus der Höhlenwand. „Kaperfahrt nach
Tortuga!", las er.
Das Pelzschwein beschnüffelte den Einband und nickte.

45 „Hmm, ja, das riecht abenteuerlich trauerlustig, süß und
sauer, ja!" Es biss in das Buch, als wäre es ein Butterbrot.
„Sten, komm essen!", rief Mama die Dachleiter hoch.
So schnell hatte Sten noch nie gegessen. Als er zurück
in die Bücherhöhle kroch, waren von der „Kaperfahrt nach

50 Tortuga" nur noch ein paar Papierschnipsel übrig. „War
eine wunderbare Geschichte! Kribbelt immer noch in den
Zehen", sagte das Pelzschwein und strich mit der Pfote
über die Bücherwände.
„Bist du auch einer?" „Was?", fragte Sten. „Nein." Das

55 Pelzschwein schüttelte den Kopf. „Du bist keiner. Aber
dein Großvater! Was für ein Bücherfresser! Drei am Tag
schaffte er – verschlang sie mit den Augen, weißt du, ohne
einen Buchstaben zu zerkrümeln."
Es seufzte. „Ich kann das nicht. Aber ich behalte jedes

60 Wort, das ich wegknabbere! Als dein Großvater schlechte
Augen bekam, hat er mich mit Büchern gefüttert und ich
habe sie ihm Wort für Wort erzählt."

Cornelia Funke

2 Markiere selbst Stichwörter und schreibe sie in die rechte Spalte.
Markiere so wenige Stichwörter wie möglich.

Reflexion: Nachdenken über Stichwörter

Ich überlege, welche Wörter wichtig sind, und markiere sie.

Ich markiere lieber fast alle Wörter.

Ich überlege, welche Wörter Antworten auf die W-Fragen geben.

Ich überlege, welche Wörter den Inhalt ausführlich wiedergeben.

Ich überlege, welche Stichwörter mit wenigen Worten den Inhalt wiedergeben.

3 Wie kannst du herausfinden, welche wichtige Stichwörter sind?
Kreuze alle richtigen Antworten an.

Oskar irrt umher

Oskar will einen Artikel über echte Fußballfans schreiben. Darum hat er sich
in der Kleingartensiedlung Silberpappel mit Lothar, dem Vorsitzenden
des Gartenvereins, verabredet. In dessen Laube verfolgen die fußballbegeisterten
Hobbygärtner gemeinsam die Spiele am Fernseher.

5 Zur großen Freude von Hertha irrt Oskar schon seit einer halben Stunde
durch die Siedlung, aber er kann die richtige Gartenlaube einfach nicht finden.
Die Siedlung liegt wie ausgestorben.
Aber schließlich hat Oskar Glück und trifft auf zwei Kleingärtnerinnen.
Die fragt er entnervt nach Lothars Laube.

10 Die eine erklärt: „Die Laube hat mit Sicherheit mehr als einen Fahnenmast!"
„Und Lothars Gartenpforte hat die gleiche Farbe wie die seines linken Nachbarn",
weiß die andere zu berichten.
„Hat die Eingangstür Fenster?", fragt Oskar.
„Ja", antwortet die erste Frau. „Aber ich glaube nicht, dass Lothar

15 einen Briefkasten hat."
„Komm, Hertha", ruft Oskar. „Jetzt bin ich sicher, dass wir die Laube finden."

1 Was erfährst du über die Laube? Markiere im Text.

2 Wo ist die Laube? Kreise ein.

  Genau lesen und Informationen zuordnen   102

Ein Sams für Martin Taschenbier

?	Fragezeichen beachten	⇑	lange Pause, Stimme hoch
.	Punkt beachten	⇓	lange Pause, Stimme runter
!	Ausrufezeichen beachten	‖	lange Pause, Stimme laut
:	Doppelpunkt beachten	‖	lange Pause
,	Komma beachten		kurze Pause

Es gab etwas, | worin Martin unangefochten den ersten Platz einnahm: ‖
Er war mit großem Abstand der Schüchternste. ⇓

1 Markiere die Satzzeichen und die Betonungszeichen in verschiedenen Farben.

Er beklagte sich sogar zu Hause bei seinem Vater darüber.

„Was soll ich nur machen, Papa?", sagte er. „Ich trau mich nicht."

„Was meinst du damit?", fragte der Vater. „Alles. Oder besser

gesagt: nichts. Einfach gar nichts", sagte Martin. „Aber das stimmt

doch nicht", sagte sein Vater. „Neulich im Freibad bist du vom

Einmeterbrett gesprungen. Kopfsprung! Das hätte ich mit zehn Jahren

nie geschafft. Da wäre ich viel zu ängstlich gewesen".

„Jens Uhlmann springt sogar vom Dreimeterbrett. Und der ist auch

erst zehn!" „Vom Dreimeterbrett?" Martins Vater wiegte bewundernd

den Kopf. „Alle Achtung. Das habe ich nur ein einziges Mal

geschafft. Und da war ich schon erwachsen. Außerdem hat man mich

mehr oder weniger dazu gezwungen."

Paul Maar

2 Setze die fehlenden Betonungszeichen passend ein.

3 Lies den Text einem Partnerkind vor.

Mit Jasper im Gepäck

Anneli und Nicklas waren von ihrer Tante Tinne nach Kopenhagen in ein Hotel eingeladen worden. Dort wurde ein Los eindeutig zum Höhepunkt ihrer Ferien.

5 „Bin froh, dass wir wieder hier sind",
sagte Anneli, als sie am folgenden Tag
in den Zoologischen Garten kamen. „Hab
mich jede Sekunde hierher gesehnt."
„Ich auch", sagte Nicklas. „Ich verstehe
10 gar nicht, dass ihr auf einmal so tierlieb
geworden seid", sagte Tante Tinne.
„Am liebsten würdet ihr sie wohl alle
nach Hause mitnehmen, aber daraus
wird nichts! Ich hab genug damit zu tun,
15 auf euch zwei aufzupassen."
„Willst du nicht eine Weile hier sitzen und
dir Steinchen aus den Schuhen holen?",
fragte Anneli. „Nicklas und ich können
die Tiere so lange angucken, dann wirst
20 du nicht so schnell müde. Ich verspreche,
dass wir gut aufeinander aufpassen."
„Von mir aus", sagte Tante Tinne.

„Vielen Dank, liebe Tante Tinne, wir
kommen gleich wieder zurück", rief Anneli
25 und rannte hinter Nicklas her. Sie mussten
unbedingt herausfinden, ob die Preisverteilung schon stattgefunden hatte,
oder wann sie sein würde.
Nachdem sie eine Zeit lang kreuz und
30 quer durch die Gegend geflitzt waren,
erblickten sie eine große Menschen-
menge. Der Ausrufer holte wieder tief Luft:
„Weiter möchte ich mitteilen, dass der
Super-super-super-Liebling des Zoo-
35 logischen Gartens, das Zwergpony
Jasper Pompiliam von Klampenburg,
an die Nummer 96688 geht!"
„Was?", sagte Nicklas. „Ist das nicht
unsere Nummer?", sagte Anneli. Dann
40 stießen sie ein zweistimmiges Gebrüll
aus, dass alle Menschen sich umdrehten.
„Das darf doch nicht wahr sein! So ein
Wahnsinn! Das ist doch nicht möglich",
rief sie. „Wir haben gewonnen!"

Gunnel Linde

a) Ich verstehe gar nicht, dass ihr auf einmal so tierlieb geworden seid.   Zeilen: _________

b) Sie mussten unbedingt herausfinden, ob die Preisverteilung schon stattgefunden hatte, oder wann sie sein würde.   Zeilen: _________

c) Der Ausrufer holte wieder tief Luft.   Zeile: _________

d) Wir haben gewonnen!   Zeile: _________

1 Finde die Sätze im Text. Markiere sie. Schreibe die Zeilennummer auf.

Es geht um zwei Kinder und zwei Ponys.
Es geht um zwei Kinder und zwei struppige Zwergponys.
Es geht um zwei Kinder und ein niedliches Zwergpony.

2 Worum geht es in dem Text? Kreuze an.

Aus einem Text Informationen entnehmen, Zeilen finden

8

Einheitliche Kleidung in der Schule

In einigen Ländern tragen Schüler eine vorgeschriebene einheitliche Kleidung, häufig mit dem Namen oder dem Logo der Schule: die Schuluniform.

5 In England hat die Schuluniform bereits eine lange Tradition. In anderen Ländern suchen die Kinder aus einer festgelegten Kollektion ihre Kleidung aus und entscheiden mit, was sie tragen wollen.

10 Auch in Deutschland wird die Kleiderfrage immer wieder diskutiert.
Zweider angeführten Gründe für eine einheitliche Kleidung sind: Es entsteht kein Wettbewerb um teure Marken-

15 kleidung und das Gemeinschaftsgefühl wird durch die gemeinsame Kleidung gestärkt.
Allerdings gibt es auch die Meinung, dass durch die vorgeschriebene Kleidung

20 das Recht auf Selbstbestimmung der Kinder und der Eltern eingeschränkt wird. Jeder habe einen anderen Geschmack und jeder gebe unterschiedlich viel Geld für Kleidung aus. Einige deutsche Schu-

25 len haben
sich seit ein paar Jahren auch für eine einheitliche Schulkleidung ausgesprochen.

eher unterhalten   eher informieren   zum Nachdenken bringen

1 Welche Absicht verfolgt der Autor in diesem Text? Kreuze an.

____

____

____

____

____

____

2 Schreibe deine eigene Meinung zum Thema Schulkleidung auf. Begründe sie und belege mit Textstellen.

3 Deine Schule will eine einheitliche Schulkleidung einführen. Welche Kleidungsstücke (T-Shirt, Polo-Shirt, Jacke …) sollten für die Kinder bereitgestellt werden? Begründe.

Eine Autorenabsicht erkennen / eigene Meinungen begründen

Verschiedene Textsorten verstehen

1 Lies den Text „In der Steinzeit" auf Seite 147 und den Text „Der Bücherfresser" auf den Seiten 148 und 149.

In der Steinzeit   Sachtext

Der Bücherfresser   Erzählender Text

2 Um welche Textsorten handelt es sich? Verbinde.

Strategien	Sachtext	Erzählender Text
1. Überfliegendes Lesen: Informationen zuordnen		
2. Genaues Lesen: W-Fragen stellen und Antworten markieren; z. B. Wer oder was? · Wo? · Wann?		
3. Informationen im Text finden: Textstellen markieren		
4. Informationen aus dem Text entnehmen: Stichwörter markieren und aufschreiben		
5. Stichwörtersammlung anlegen und den Inhalt in wenigen Wörtern wiedergeben		
6. Den Text gliedern: • In Abschnitte gliedern • Zwischenüberschriften finden		
7. Fragen zum Text überlegen		
8. Texte in Bilder umsetzen		
9. Unbekannte Wörter klären: • nachschlagen • nachfragen • aus dem Zusammenhang verstehen		

3 Welche Strategien helfen dir bei welcher Textsorte? Kreuze an.

Texte verfassen

Eine Geschichte vorbereiten

Thema: _______________________

____

____

____

____

____

____

____

____

____

1 Schreibe Ideen und Wörter für eine Geschichte auf. → **Tipp**

2 Überlege dir einen roten Faden
für die Geschichte.
Nutze die Wörter von der Karteikarte oben.

3 Schreibe die Geschichte auf.
Dabei kann dir die Seite 164 helfen.

Anschaulich schreiben

Auf dem Pferdehof

Gestern war ich mit Melina auf dem Pferdehof.[1] Wir holten die Ponys Mäxchen und Carina aus dem Stall. Dann machten wir die Boxen sauber.[1] Danach machten wir die Pferde fürs Reiten fertig. Wir machten das Fell und machten die Trensen und die Sättel an die Pferde. Als ich das Halfter von Mäxchen wegnahm, scheute er und ging davon.[2] Ich konnte ihn nicht mehr halten.[2] Er ging davon.[2] Wir gingen hinterher.[1,2]

1 Lies die Geschichte. Markiere die Stellen, die sie langweilig machen.

2 Finde Wörter, die die Geschichte interessant gestalten. Verbessere die Geschichte. ⟶ **Tipp**

3 Beschreibe an den Stellen mit [1] die Gefühle der Personen. Überlege dir bei Textstellen mit [2] wörtliche Rede.

4 Schreibe eine Fortsetzung der Geschichte.

Tipp

- Verwende treffende Verben und Adjektive.
- Verwende wörtliche Rede.
- Beschreibe die Gefühle der Personen, z. B. Angst, Wut, Freude, Neid, Spaß …

  Texte anschaulich schreiben 13

Textaufbau (Form)

Theodor entkommen

Es war an einem heißen Sommertag so gegen 11 Uhr 45. Carla und Jan lagen im Garten im Schatten des Apfelbaumes und schauten in den Himmel. Es war zu heiß, um mit ihrem neuen Waveboard zu spielen. Carla trug den karierten Rock und Jan hatte sich morgens mit seiner Lieblingsseife gewaschen. Da entdeckte Jan plötzlich ihren Wellensittich Theodor im Apfelbaum. War er aus seinem Käfig entwischt? Schnell fingen sie ihn wieder ein. Ihre Mutter, die Theodor besonders liebte, war so besonders glücklich, dass sie den beiden Kindern ein großes Eis spendierte. Sie holte es aus der Tiefkühltruhe, richtete es in einem Eisbecher schön an und zusammen schlemmten sie gemütlich auf der Terrasse. Alle waren erleichtert.

- Die Einleitung ist viel zu lang.
- Der Hauptteil ist nicht ausführlich genug erzählt.
- Der Höhepunkt ist ausführlich und spannend erzählt.
- Der Schluss bringt die Geschichte gut zu Ende.
- Am Schluss der Geschichte wird Unnötiges erzählt.

1 Lies die Geschichte. Was fällt dir auf? Kreuze an.

2 Streiche im Text die überflüssigen Wörter und Sätze durch.

3 Wie könnte die Geschichte weitergehen? Wähle oder male ein Bild und kreuze an.

____

____

4 Notiere passende Stichwörter zu dem gewählten Bild.

5 Schreibe einen ausführlichen Hauptteil mit einem Höhepunkt.

Die Weihnachtsfreude

[1] Als der Tannenbaum endlich im Ständer stand, holte er die Weihnachtskiste aus dem Keller und fing an, den Schmuck am Baum zu verteilen. Außerdem hängte er die Äpfel an die Äste. Es dauerte nicht lange, da war er mit seinem Werk zufrieden. [2] [3] Kasimir untersuchte neugierig den Baum, der so plötzlich im Zimmer stand. Die Äpfel schaukelten so lustig, als er daran stieß. [4] Als er zurückkam, betrachtete er entsetzt den umgestürzten Baum. [5]

Die Geschichte ist verständlich,
nicht verständlich, weil ________________________________

____

____

1 Ist die Geschichte verständlich? Markiere deine Entscheidung und begründe. → **Tipp**

Was passiert am Schluss? Denkt sich der Mann, dass es Kasimir war? Gibt es eine Strafe?

Du hast nicht geschrieben, dass der Mann in die Küche geht oder in den Keller.

1 Hier fehlt die Einleitung der Geschichte. Wie heißt denn der Mann?

Es fehlt, dass der Baum umstürzt.

Wo kommt Kasimir so plötzlich her? Wer ist Kasimir?

2 Ordne die Ergänzungsvorschläge den richtigen Stellen im Text zu.

3 Verbessere die Geschichte. Du kannst auch mit einem Partnerkind zusammenarbeiten.

Tipp

Eine Geschichte ist verständlich, wenn
• sie einen roten Faden hat.
• der Leser alle Informationen bekommt, z. B. Namen, Orte …

Informationen sinnvoll ordnen

Nahrung **Körperbau** **Fortpflanzung** **Verhalten und Lebensweise** **Lebensraum**

greift bei Gefahr mit gesenktem Kopf an

Bullen bis 1400 kg, Kühe leichter

alle zwei bis vier Jahre ein Kalb

südliches Afrika

2 Hörner, das vordere größer als das hintere

Pflanzenfresser

bis zu 3,80 m lang, 1,76 m Schulterhöhe

Blätter, Zweige, Früchte und Rinde verschiedener Bäume, vor allem von Akazien

in Savannen und Buschland mit ausreichend Bäumen

Einzelgänger

vom Aussterben bedroht

1 Ordne die Stichwörter den Oberbegriffen zu. Markiere sie in der gleichen Farbe.

Steckbrief: Spitzmaulnashorn

Körperbau: ____

____

____

Lebensraum: ____

____

____

Nahrung: ____

____

____

Fortpflanzung: ____

Verhalten und Lebensweise: ____

____

2 Trage die Stichwörter in den Steckbrief ein.

3 Schreibe nun einen Sachtext über das Spitzmaulnashorn.

Informationen für Sachtexte ordnen  **159**

Mit einem Cluster Sachtexte planen

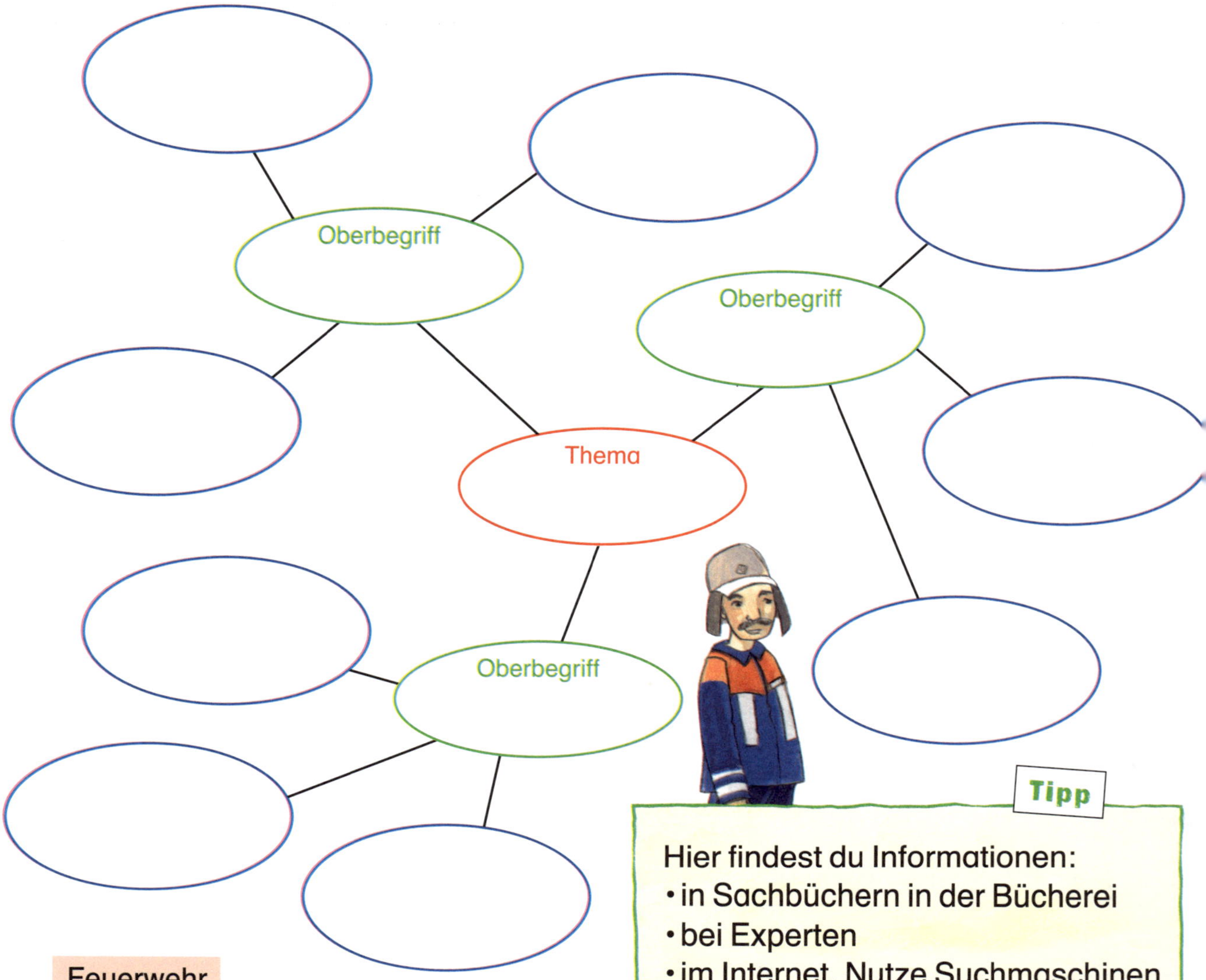

Oberbegriff

Oberbegriff

Thema

Oberbegriff

Feuerwehr

Aufgaben   Ausrüstung   im Notfall

1 Trage in den Cluster das Thema und die Oberbegriffe richtig ein.

Atemschutzgeräte   schützen   Räume schnell verlassen

2 Ordne die Informationen den Oberbegriffen im Cluster richtig zu.

____

____

3 Finde weitere Informationen. Trage sie in den Cluster ein. → **Tipp**

4 Schreibe mithilfe des Clusters einen Sachtext über die Feuerwehr.
Oder: Erstelle einen Cluster zu einem eigenen Thema.

Der Mähdrescher

Mit Donnergetöse bog das Ungetüm
urplötzlich auf das Getreidefeld ein.
Die Halme duckten sich weg, hofften zu
entkommen, aber es war aussichtslos.
5 Das Schneidwerk schlug erbarmungslos
zu. Sämtliche Halme wurden von der
Schnecke erfasst und in den Einzugskanal
gesaugt. Sie landeten unsanft in der
Dreschtrommel, wo sie gequetscht und
10 geschlagen wurden, so dass sie alle ihre
Körner verloren. Die armen Körner
sausten direkt in die Reinigung des
Mähdreschers, das Stroh mit wenigen
noch geretteten Körnern wurde hinter-
15 hältig auf den Schüttler geworfen.

Auf diesen ratternden Blechen wurden
dem goldgelben Stroh auch noch die
letzten verbliebenen Körner entrissen.
Auch sie landeten im Abgrund! In der
20 Kornreinigung tobte ein Höllensturm,
der leichte Bestandteile wie Grannen
und Strohreste einfach fortblies.
Nur die nackten Körner allein
blieben übrig. Und während sie in
25 den Korntank gehoben wurden,
flog das arme gequälte Stroh hinten
aus dem Mäher und landete unsanft
auf dem nun öden und leeren Feld.
Nimm dich in Acht vor Mähdreschern!

Die Adjektive passen zu einem Sachtext.

Der Text ist besonders sachlich.

Der Text vermenschlicht die Getreidehalme.

Der Text klingt wie eine spannende Geschichte.

Die Adjektive passen nicht zu einem Sachtext.

Die Reihenfolge ist nicht richtig.

1 Lies den Text über Mähdrescher. Was fällt dir auf? Kreuze an.

2 Markiere im Text die Fachbegriffe, die zum Mähdrescher gehören.

3 Streiche die Wörter im Text durch, die nicht sachlich genug sind.

Einbrecher mit buschigem Schwanz

16.11.2013 – Eine Frau aus Celle findet, als sie gestern nach Hause kommt,

ihre Wohnung verwüstet vor. Erschrocken klammert sie sich an der

Wohnungstür fest. Sofort verständigt sie das nahe gelegene Polizeirevier.

Die Beamten finden keine Einbruchspuren, allerdings totale Unordnung und

Spuren von Kot. Ein Schrei der Frau macht die Polizisten auf den Eindringling

aufmerksam: Ein Eichhörnchen hüpft durchs Zimmer. Mit heldenhaftem Mut

wirft sich ein Polizist schützend vor die ängstlich zitternde Frau. Ein Polizist

lässt das aufgeregte Tier über die Balkontür hinaus. Es bleibt

unklar, wie das Eichhörnchen in die Wohnung geraten war.

Nach dem Einsatz trinken die Polizisten zur Entspannung eine Tasse Kaffee.

Die Frage „Wo?" wird nicht beantwortet.
Der Bericht ist nicht sachlich geschrieben.
Die Frage „Wann?" wird nicht beantwortet.
Der Bericht ist nicht im Präteritum geschrieben.
Die Frage „Was passiert?" wird nicht beantwortet.

1 Lies den Bericht. Was fällt dir auf?
Kreuze an. ⟶ **Tipp**

2 Streiche im Text die überflüssigen Wörter
und Sätze durch. Korrigiere die Zeitform.

Tipp

Ein Bericht
- beantwortet immer die
  W-Fragen: **Wer?, Wann?,
  Wo?** und **Was passiert?**
- steht meistens
  im Präteritum.
- wird sachlich geschrieben.
- beschränkt sich
  auf das Wesentliche.

Eigene Sachtexte schreiben und verbessern

Inhalt	beim Schreiben beachtet	für die Überarbeitung
gute Oberbegriffe finden		
Oberbegriffe sinnvoll ordnen		
auf eine gute Reihenfolge aller Stichpunkte achten		
nichts Wichtiges vergessen		
verständlich schreiben		
wichtige Fachbegriffe erklären		
einen sinnvollen Schluss-Satz finden		
Vorwissen und Interessen des Lesers berücksichtigen		
an die passende Überschrift denken		

Sprache	beim Schreiben beachtet	für die Überarbeitung
vollständige Sätze schreiben		
Fachausdrücke verwenden und erklären (wenn nötig)		
sachlich und verständlich schreiben		
interessante und passende Wörter verwenden		
auf abwechslungsreiche Satzanfänge achten		
auf die richtige Zeitform achten		
auf die Rechtschreibung achten		

1. Achte beim Schreiben und Überarbeiten eines Sachtextes auf die Kriterien.
2. Suche dir einen ruhigen Ort und lies dir den Text laut vor. Überprüfe, ob du auf die Kriterien geachtet hast.
3. Suche dir Partnerkinder für eine Schreibkonferenz. Überarbeite mit ihnen den Text.

Eigene Geschichten schreiben und verbessern

Inhalt	beim Schreiben beachtet	für die Überarbeitung
auf den roten Faden der Geschichte achten		
nichts Wichtiges vergessen und verständlich schreiben		
Personen genau beschreiben		
Gedanken und Gefühle der Personen beschreiben		
auf den Aufbau der Geschichte achten		
den Höhepunkt ausführlich erzählen		
die Verwicklung der Geschichte sinnvoll auflösen		
immer in der „Er-Form" oder in der „Ich-Form" schreiben		
an die passende Überschrift denken		

Sprache	beim Schreiben beachtet	für die Überarbeitung
vollständige Sätze schreiben		
interessante, abwechslungsreiche Adjektive benutzen		
interessante und passende Wörter verwenden		
auf abwechslungsreiche Satzanfänge achten		
wörtliche Rede verwenden (wenn nötig)		
auf die richtige Zeitform achten		
auf die Rechtschreibung achten		

1. Achte beim Schreiben und Überarbeiten einer Geschichte auf die Kriterien.

2. Suche dir einen ruhigen Ort und lies dir die Geschichte laut vor. Überprüfe, ob du auf die Kriterien geachtet hast.

3. Suche dir Partnerkinder für eine Schreibkonferenz. Überarbeite mit ihnen den Text.

 Eigene Geschichten und Erzähltexte anhand inhaltlicher und sprachlicher Kriterien überprüfen

Sprache untersuchen

Die Wörtersortiermaschine

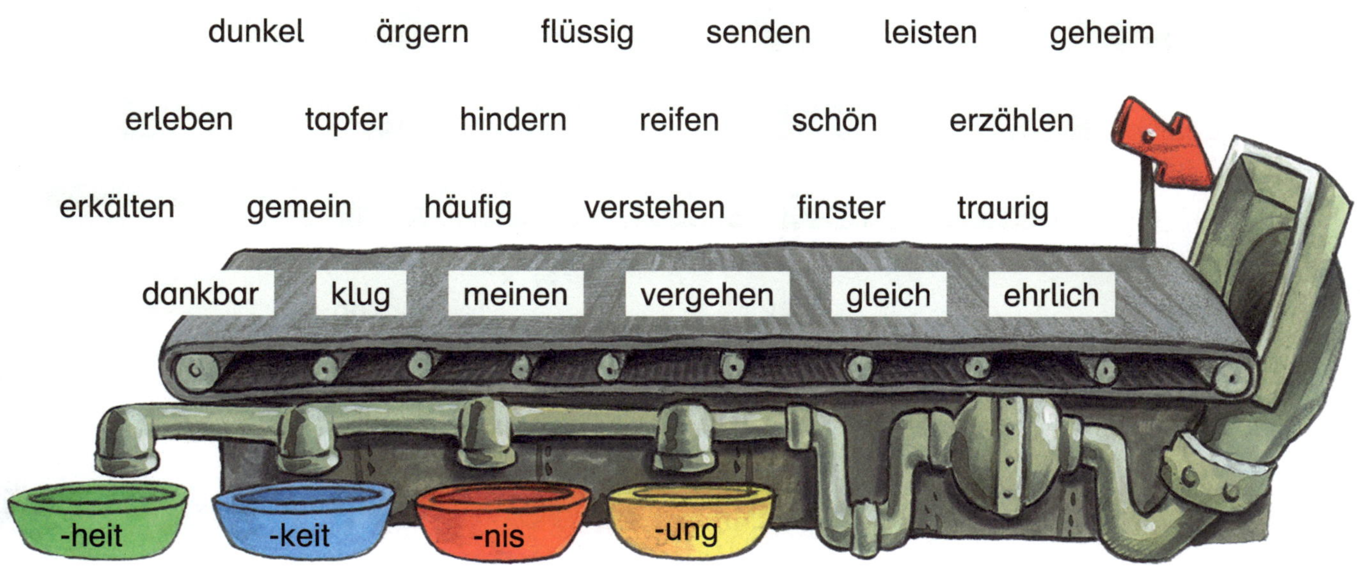

1 Wandle die Wörter in Nomen mit -heit, -keit, -nis, -ung um.
Markiere die Wörter in der Farbe der passenden Endung.

-heit: die Dunkelheit, ____

____

____

-keit: ____

____

____

-nis: ____

____

____

-ung: ____

____

____

2 Ordne die Nomen mit Artikel der richtigen Endung zu.

3 Markiere den Wortbaustein, der das Wort zum Nomen macht.

Adjektive mit -ig, -lich, -isch, -sam, -bar, -los

Angeber	-ig	biegen
geizen	-lich	essen
Freund	-isch	Schrift
Kleid	-bar	trinken
Neid	-los	Riese
Arbeit	-sam	leben

1 Verbinde die **Nomen** und **Verben** mit der passenden Endung.

angeberisch, ____

____

____

2 Schreibe die **Adjektive** aus Aufgabe 1 auf. Markiere die Endung.

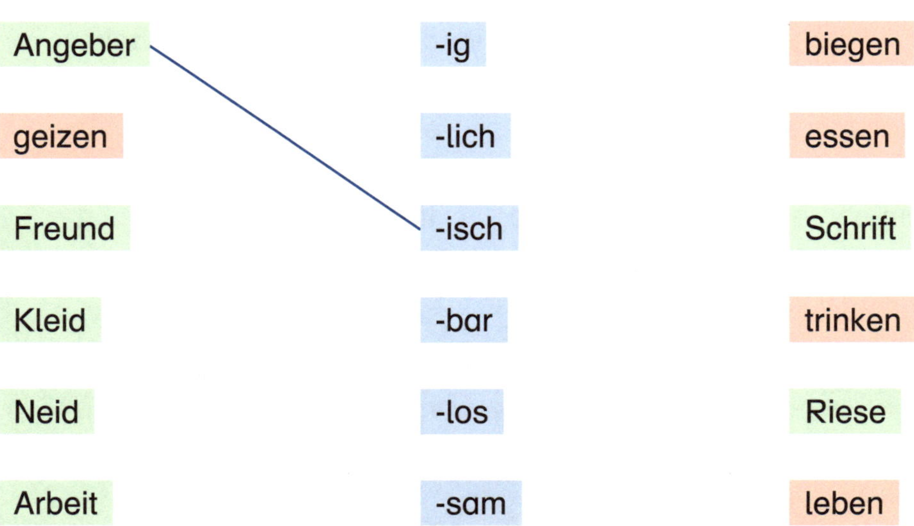

Wolke

wolkig ________________

Mühe

____

Herz

____

3 Bilde passende Adjektive mit den Endungen **-ig**, **-lich**, **-sam**, **-los**. Markiere die Endung.

Verben in Präsens und Futur

Ich gehe ins Kino.
Ich werde ins Kino gehen.

Tim baut einen hohen Turm.
Tim wird einen hohen Turm bauen.

1 Markiere in jedem Satz die Verben.

Verb in der Grundform	Futur Verb in der Personalform
singen	ich ________________________
gehen	du ________________________
träumen	er, sie, es ________________________
spielen	wir ________________________
haben	ihr ________________________
sein	sie ________________________

2 Vervollständige die Tabelle.

Du schreibst eine gute Arbeit.

____

Papa und Jonas fahren in den Urlaub.

____

Fatma schreibt einen Brief.

____

Wir gehen in den Zoo.

____

3 Schreibe die Sätze im Futur (Zukunft) auf.

Verben in die Zeitform Futur setzen

Verben in Präteritum und Perfekt

1 Immer vier Verben gehören zusammen. Markiere sie mit der gleichen Farbe.

Perfekt	Präteritum	Präsens
_____________	_____________	ich will
_____________	du mochtest	_____________
er hat gerechnet	_____________	_____________
_____________	_____________	sie läuft
_____________	wir spielten	_____________
ihr habt gelacht	_____________	_____________
_____________	sie aßen	_____________

2 Trage die fehlenden Formen in die Tabelle ein.

     Verben ins Perfekt und Präteritum setzen

Ein Brief vom Elefanten an die Schnecke

~~der Elefant~~   den Elefanten   des Elefanten   dem Elefanten

Der Elefant schrieb eines Tages einen Brief an die Schnecke.

Im Brief _________________ stand:

Der Brief erschien

_________________ gut gelungen.

Es folgte eine Zeit des Wartens, aber das

störte _________________ nicht.

Er hatte Zeit.

> Liebe Schnecke,
> darf ich Sie einladen, einmal mit mir
> zu tanzen, und zwar oben auf Ihrem
> Haus? Nur ein paar Schritte? Ich
> werde sehr vorsichtig sein, damit
> wir nicht durch Ihr Dach brechen.
> Elefant

nach Toon Tellegen

1 Setze das Wort **Elefant** mit dem passenden Artikel in den Text ein.

1. **Wer oder was** schrieb eines Tages einen Brief**?**

   ____

2. **Wessen Brief?**

   ____

3. **Wem** erschien der Brief gut gelungen**?**

   ____

4. **Wen oder was** störte das Warten nicht**?**

   ____

des Elefanten (**A**)

den Elefanten (**Z**)

dem Elefanten (**N**)

der Elefant (**T**)

Lösungswort: der ____ ____ ____

2 Antworte auf die **farbigen Fragen** mit dem passenden Nomen.
Markiere den Artikel und die Endung.

Nomen: Kasus

Ein Brief vom Eichhorn an die Ameise

Wer-Fall (Nominativ)	der Brief	die Tür	die Ameise
Wessen-Fall (Genitiv)	des Briefes	der Tür	der Ameise
Wem-Fall (Dativ)	dem Brief	der Tür	der Ameise
Wen-Fall (Akkusativ)	den Brief	die Tür	die Ameise

Eines Tages, im Winter, schrieb Eichhorn einen Brief an die Ameise:

Liebe Ameise,
Ameise, Ameise, Ameise, Ameise,
Ameise, Ameise, Ameise, Ameise,
Ameise,
liebe Ameise, liebe Ameise, Ameise.
Eichhorn

 **Der Brief** _______ war seltsam und Eichhorn wusste nicht, warum er ihn geschrieben hatte. Aber er zog _______________ eine Jacke an, denn es war kalt. Er erklärte ihm, wie er

gehen musste, und machte _____________ auf. _______________ trat vorsichtig hinaus. Er klopfte ans Fenster _______________ . „Wer ist das?", fragte _______________ . „Der Brief", sagte _______________ . „Der Brief?", staunte _______________ und machte ihn auf. „Ich bin für Sie", sagte _______________ . Er verbeugte sich vor _______________ . Die Ameise betrachtete _______________ von allen Seiten und schrieb etwas Süßes und auch etwas Warmes auf _______________ .

Der Brief raschelte vor Vergnügen, verabschiedete sich, ging zu Eichhorn und schob sich selbst unter _______________ des Eichhorns durch.

nach Toon Tellegen

1 Setze die Nomen aus der Tabelle passend in den Text ein.

Wer-Fall (Nominativ): ___ Mal   Wem-Fall (Dativ): ___ Mal

Wessen-Fall (Genitiv): ___ Mal   Wen-Fall (Akkusativ): ___ Mal

2 Wie oft hast du jeden Fall benutzt? Zähle nach. Schreibe die Anzahl auf.

Michael Ende – ein bekannter Kinderbuchautor

a) Ich mag die Bücher von Michael Ende.

Von Michael Ende mag ich die Bücher.

Mag ich die Bücher von Michael Ende?

b) Michael Ende ist ein bekannter Buchautor.

____

____

c) Michael Ende verfasste viele Texte für Erwachsene.

____

____

____

d) „Jim Knopf" heißt das erste erfolgreiche Buch von Michael Ende.

____

____

____

e) „Momo" und „Die unendliche Geschichte" gibt es als Film.

____

____

____

f) In vielen Büchern kommen Schildkröten vor.

____

____

____

1 Stelle jeden Satz zweimal um.

2 Kreise die Satzglieder ein.

Tims Oma

a) **Tim besucht** seine Oma.

Frage nach dem Subjekt: Wer besucht seine Oma? Tim

b) Seine Oma wohnt zehn Minuten entfernt.

c) Er kauft ihr ein Eis.

d) Oma mag Vanille besonders gern.

e) Unterwegs schmilzt leider das Eis.

1 Frage in jedem Satz nach Subjekt und Prädikat. Schreibe Frage und Antwort auf.

2 Markiere das Subjekt und das Prädikat in unterschiedlichen Farben.

 Subjekt und Prädikat identifizieren   78, 79

Schulerlebnisse

a) Kristina verrät Meike ein Geheimnis.

Frage: _Wem verrät Kristina ein Geheimnis?_

Antwort: _Meike_

b) Tobias schreibt Fatma einen Liebesbrief.

Frage: ____

Antwort: ____

c) Die ganze Klasse gratuliert Theo zum Geburtstag.

Frage: ____

____

Antwort: ____

d) Pauline leiht Amelie ihr Lineal.

Frage: ____

Antwort: ____

e) Mark hilft Vanessa bei den Hausaufgaben.

Frage: ____

Antwort: ____

f) Alle stimmen dem Vorschlag zu.

Frage: ____

Antwort: ____

(**1**) Kreise die Satzglieder ein. Denke an die Umstellprobe.

(**2**) Ergänze: Nach dem Dativobjekt fragt man mit _____________ .

(**3**) Schreibe die Frage und die kurze Antwort auf.
Markiere das Dativobjekt.

Das Dativobjekt durch Isolieren
des Satzgliedes finden

Mäuse in der Schule?

a) (Manche Kinder) (bringen) **die tollsten Sachen** (mit) (in die Schule).

Frage: *Wen oder was bringen manche Kinder mit in die Schule?*

Antwort: *die tollsten Sachen*

b) Deniz brachte letztens drei weiße Mäuse mit.

Frage: _______________________________________

Antwort: _______________________________________

c) Das erfreute besonders die Katze des Hausmeisters.

Frage: _______________________________________

Antwort: _______________________________________

d) Sie jagte die drei weißen Mäuse.

Frage: _______________________________________

Antwort: _______________________________________

e) Es gab einen riesiges Durcheinander.

Frage: _______________________________________

Antwort: _______________________________________

f) Die Lehrerin schickte Deniz mit seinen Mäusen nach Hause.

Frage: _______________________________________

____

Antwort: _______________________________________

1 Kreise die Satzglieder ein. Denke an die Umstellprobe.

2 Ergänze: Nach dem Akkusativobjekt fragt man mit _____________________.

3 Schreibe die Frage und die kurze Antwort auf. Markiere das Akkusativobjekt.

Rechtschreiben

Abschreiben wie ein Profi

die Erfahrung	_______________________	_______________________
die Kenntnis	_______________________	_______________________
die Diskussion	_______________________	_______________________
das Erlebnis	_______________________	_______________________
das Interview	_______________________	_______________________
das Thema	_______________________	_______________________

1 Markiere schwierige Stellen in den Wörtern.
Schreibe die Wörter auf und kontrolliere.

Auf dem Brandenburger Tor in Berlin
befindet sich eine Skulptur.

____

____

Dieser stählerne Turm ist eine der bekanntesten
Touristenattraktionen in Paris.

____

____

2 Schreibe die Sätze richtig ab. Markiere die schwierigen Stellen in den Wörtern und
kontrolliere nach dem Abschreiben.

Verschiedene Abschreibtechniken anwenden,
genaues Kontrollieren üben

Fehlerdetektiv

Teilnahme

~~teilname~~ an der Weltmeisterschaft

Wochenende

Am letzten ~~wochnende~~ fand in Bremen die Weltmeisterschaft im

viele

Hip-Hop-Tanzen statt. Auch aus Hannover reisten ~~vile~~ Formationen an.

Atmosphäre   ihren

Die ~~atmosphäre~~ war super. Die Zuschauer winkten mit ~~iren~~ Fahnen.

Häuschen   klatschten

Die Fans waren völlig aus dem ~~Heuschen~~. Sie ~~klaschten~~ und jubelten

richtig

wie verrückt. Bei dieser WM waren wir ~~richtik~~ erfolgreich:

Start

Vierzig Formationen waren am ~~start~~. Wir gehörten zu den Finalisten.

1 Markiere in den korrigierten Wörtern die Merkstelle.

2 Wähle fünf Sätze aus dem Text und schreibe diese richtig ab.  

Merkstelle in korrigierten Wörtern markieren,
verbesserten Text korrekt abschreiben

17

Fremdwörter richtig schreiben

Wort	Kon-trolle	Wort (auswendig)	Kon-trolle	Korrektur, wenn nötig
die Toilette				
die Garage				
die Batterie				
der Cousin				
der Tourist				
das Baguette				

1 Übe die Fremdwörter.

a) Decke die erste Spalte ab und schreibe das Wort auswendig in die zweite Spalte.

b) Kontrolliere mit der Vorlage.
   Wenn ein Wort falsch ist, schreibe es richtig in die dritte Spalte.

c) Markiere die schwierige Stelle.

A	I	N	T	E	R	V	I	E	W	Y	E	A	W	L
B	O	K	I	T	N	F	L	O	R	C	H	C	R	Y
R	X	S	H	O	W	L	C	E	C	H	I	T	G	M
D	S	P	R	A	Y	I	L	M	E	I	M	W	A	L
B	O	K	O	S	L	A	O	W	N	P	A	R	B	G
O	J	A	S	T	Y	N	W	R	T	S	O	T	Y	K
R	J	E	A	N	S	T	N	F	A	L	G	Y	R	A

2 Finde die acht Fremdwörter.

____

____

3 Ordne die Fremdwörter nach dem Abc.
Schreibe sie mit Artikel auf. Markiere die schwierige Stelle.

Fremdwörter üben, Fremdwörter finden
und nach dem Abc ordnen

Fremdwörter im Wörterbuch finden

Urlaub in Paris

Serviette   Baguette   Café   Tourist   Restaurant

In den letzten Ferien war ich als ________________ in Paris.

Oft saßen wir in einem ________________

und aßen ein ________________ .

Ganz toll fand ich ein französisches ________________ .

Da wurde die ________________ immer besonders gefaltet.

1 Ergänze den Text mit den richtigen Fremdwörtern.

S. ______   ________________________

S. ______   ________________________

S. ______   ________________________

S. ______   ________________________

S. ______   ________________________

S. ______   ________________________

S. ______   ________________________

S. ______   ________________________

S. ______   ________________________

2 Schlage diese Fremdwörter nach und schreibe sie korrekt auf.

Ketschupp / Ketchup    S. ______

Trening / Training    S. ______

3 Kontrolliere im Wörterbuch. Streiche das falsch geschriebene Wort durch.

Wortfamilien mit ss/ß

<u>**messen,**</u>____

____

1 Schreibe die Wörter von der Tafel ab. Markiere den Wortstamm.

> abbeißen · der Riss · Gebiss · zerreißen
> er reißt · verbissen · Reißaus nehmen · beißt

beißen: _________________________________

reißen: _________________________________

2 Ordne die Wörter der passenden Familie zu. Markiere den Wortstamm.

Präsens (heute)	Präteritum (gestern)	Grundform
ich beiße	ich biss	__________
du __________	du schlossest	__________
er, sie, es __________	er, sie, es __________	messen
wir gießen	wir __________	__________
ihr __________	ihr ließet	__________
sie __________	sie __________	müssen

3 Trage die fehlenden Personalformen ein.

Verwandte Wörter finden

der Ausflu _____ ⟷ *Ausflüge*   der Ran _____ ⟷ _____________

Bro _____ ⟷ _____________   die Bl _____ tter ⟷ _____________

sie gi _____ t ⟷ _____________   der We _____ ⟷ _____________

das Geb _____ de ⟷ _____________   er glau _____ t ⟷ _____________

1 Finde ein verwandtes Wort. Ergänze die fehlenden Buchstaben.

Ferienplanun ___ (g/k) bei Familie Krüger

Familie Krüger spricht über den Urlau ___ (b/p).

Die Zwillinge möchten am lie ___ sten (b/p) im Zel ___ (d/t) schlafen.

Mama hätte gerne ein kleines H _____ schen (äu/eu) im Wal ___ (d/t).

Susi mag es kal ___ (d/t). Sie möchte im Schnee auf einen Ber ___ (g/k)

klettern und eine Bur ___ (g/k) besichtigen. Vater blei ___ t (b/p)

lieber zu Hause. Er schl ___ ft (ä/e)

am besten im

eigenen Bett.

2 Finde ein verwandtes Wort. Streiche den falschen Buchstaben durch. Ergänze den richtigen Buchstaben.

Wörter mit ä ohne Ableitung

S	C	H	R	Ä	G	L	Ä	T	R	K	I	M	B	O	Z	L
B	Ä	S	P	Ä	T	G	Ä	L	O	Ä	W	Ä	K	Ä	S	E
S	N	Ä	M	L	I	C	H	M	A	F	Ä	R	N	E	T	M
Ä	B	G	E	R	Ä	T	G	Z	L	E	H	C	K	U	Q	S
M	L	A	T	G	U	R	M	O	Z	R	R	H	A	S	D	I
O	W	Ä	T	Ä	N	D	E	R	N	A	E	E	W	Ä	P	X
N	P	M	U	F	O	B	H	T	K	B	N	N	T	G	N	R
R	M	Ä	D	C	H	E	N	B	R	L	D	I	S	E	V	T

(1) Markiere noch acht Wörter mit ä.

schräg, ____

____

(2) Schreibe die Wörter auf. Markiere die Merkstelle.

	der Lärm	der Lärm
der Lärm		
die Hälfte		
der Bär		
der Käse		
die Träne		

(3) Markiere schwierige Stellen in den Wörtern.
Schreibe die Wörter auf und kontrolliere.

____

____

(4) Decke alle Wörter ab. Schreibe sie auswendig auf. Kontrolliere.

Wörter mit eu

die **Eu**le	die Eule	die Eule
deutlich		
leuchten		
die Freude		
das Heu		
das Kreuz		
schleudern		

1 Markiere die schwierige Stelle in den Wörtern.
Schreibe die Wörter auf und kontrolliere.

Wort mit eu oder äu	verwandtes Wort	Wort richtig geschrieben
Flugz * g	–	Flugzeug
B * le		
R * ber		
F * er		
Geb * de		
Abent * er		

2 Suche nach einem verwandten Wort mit **au**.
Wenn es keines gibt, mache einen Strich.
Entscheide: **eu** oder **äu**.
Schreibe das Wort richtig auf.

Merkwörter mit *eu* trainieren,
Wörter mit *eu* oder *äu* unterscheiden

Komma und Co. , ? ! .

(1) Ergänze die Sätze.

Lieblingsbücher

Welche Bücher liest du gern

Natürlich lustige Bücher   Was denn sonst

Ich lese gern unheimliche   spannende und abenteuerliche Geschichten

Liest du lieber Märchen   Comics   Zeitschriften oder Sachbücher

(2) Setze die richtigen Satzzeichen ein: , ? ! .

Klassenbücherei

beim Einrichten der Klassenbücherei wollen alle helfen es werden viele Bücher in den
Klassenraum geschleppt dabei sind spannende lustige gruselige wahre und fantastische
Bücher gibt es auch Sachbücher na klar diese Bücher sind doch für alle interessant

Klassenbücherei ________________________

Beim ________________________

____

____

____

____

(3) Schreibe den Text richtig ab.
Setze dabei die richtigen Satzzeichen.

Satzzeichen richtig einsetzen,
Großschreibung am Satzanfang beachten

183

Wörtliche Rede und Begleitsatz

Abschlussfeier

Die Klassensprecherin ruft: „Kommt alle her! Der Klassenrat beginnt."

1 Markiere im Satz alle Satzzeichen und die Redezeichen in verschiedenen Farben.
Unterstreiche den Begleitsatz.

2 Setze passende Satzzeichen ein.

Lena fragt: ____

____________________ , sagt Jonas laut. ____________________ , ruft er noch lauter,

____

____ , wundert sich Tim.

____ , stöhnt Fatma.

Jonas erklärt: ____

____

3 Schreibe auf, was die Kinder sagen. Achte auf die Satzzeichen und die Redezeichen.

4 Markiere die wörtliche Rede.
Unterstreiche die Begleitsätze.

Fehlerdetektiv

Der gute Räuber Willibald

        spannende Bücher

Manni liest gern ~~spanende bücher~~.

Sein lieblingsbuch handelt vom guten Räuber Willibald.

Am Abent liest er gern im bett.

Das gefellt seiner Mutter gar nicht.

Sie meint, dass er dan nicht einschlafen kan oder

vielleicht schlecht träumt.

Auserdem denkt sie, er würde am nechsten Tak in der

Schule nicht aufpasen können.

Doch ihr sohn beruhigt sie.

Er erklert seiner Mutter, dass dieser räuber nicht böse ist.

Wie die hauptfigur Willibald dies findet,

kanst du herausfinden, wen du das Buch selbst liest.

1   Kontrolliere die markierten Wörter.
Streiche falsch geschriebene Wörter durch
und schreibe sie richtig darüber.

Mögliche Fehlerwörter genau kontrollieren
und verbessern

Fehler vermeiden

Fehlerwort	Großschreibung von Nomen	kurzer Vokal – Doppelkonsonant	Merkwort: im Wörterbuch nachschlagen	verwandtes Wort suchen
spa **nn** end		x		
___ücher				
R_____ber				
___ett				
gef_____llt				
da_____				
___ielleicht				
tr_____mt				
au___erdem				
n___chsten				
___chule				
aufpa___en				
___ohn				
erkl___rt				

1 Welche Strategie kann dir bei der Entscheidung helfen?
Entscheide und kreuze an.
Trage den oder die fehlenden Buchstaben ein.

Fehler vermeiden

Wort	Strategien zuordnen	
* esuch: Besuch oder besuch?	**X** Großschreibung von Nomen ☐ kurzer Vokal – Doppelkonsonanten ☐ Merkwort ☐ verwandtes Wort suchen	*der Besuch* ___________ ___________
* meise: Ameise oder ameise?	☐ Großschreibung von Nomen ☐ kurzer Vokal – Doppelkonsonanten ☐ Merkwort ☐ verwandtes Wort suchen	___________
Wo * nung: Wohnung oder Wonung	☐ Großschreibung von Nomen ☐ kurzer Vokal – Doppelkonsonanten ☐ Merkwort ☐ verwandtes Wort suchen	___________
* erabredet: verabredet oder ferabredet?	☐ Großschreibung von Nomen ☐ kurzer Vokal – Doppelkonsonanten ☐ Merkwort ☐ verwandtes Wort suchen	___________
ko * t: kommt oder komt?	☐ Großschreibung von Nomen ☐ kurzer Vokal – Doppelkonsonanten ☐ Merkwort ☐ verwandtes Wort suchen	___________
drau * en: draußen oder drausen?	☐ Großschreibung von Nomen ☐ kurzer Vokal – Doppelkonsonanten ☐ Merkwort ☐ verwandtes Wort suchen	___________
Schil * : Schild oder Schilt?	☐ Großschreibung von Nomen ☐ kurzer Vokal – Doppelkonsonanten ☐ Merkwort ☐ verwandtes Wort suchen	___________
den * : denn oder den?	☐ Großschreibung von Nomen ☐ kurzer Vokal – Doppelkonsonanten ☐ Merkwort ☐ verwandtes Wort suchen	___________

1 Entscheide, wie das Wort richtig geschrieben wird. Kreuze die richtige Strategie an.

2 Trage das richtig geschriebene Wort in die letzte Spalte ein.

Fehler finden und verbessern

Der ~~besuch~~

Eine ~~ameise~~, ein Grashüpfer und ein Tausendfüßler sind in der Wonung der Ameise ferabredet Der Grashüpfer und die Ameise warten eine ganze stunde Auf einmal komt der Tausendfüßler keuchend herein Wo bist du den so lange gewesen frakt die Ameise Drausen war ein Schilt: Bite Schuhe abpuzen antwortet der Tausendfüßler

1 Finde die neun Fehler. Streiche falsch geschriebene Wörter durch.

2 Setze alle Satzzeichen richtig ein. **. ? ! , „ "**

Der Besuch

Eine Ameise,

____

____

____

____

____

____

____

3 Schreibe den Text mit allen Satzzeichen richtig ab.

Einen Text auf Rechtschreibung und Zeichensetzung überprüfen und korrekt abschreiben

33, 80, 184

 **Kinder dieser Welt**

1. Kinder haben das Recht auf …
   - ES Eis.
   - DU Bildung.
   - DA Arbeit.

 **Im Wald**

2. Was gibt es wirklich?
   - BIS Kletterpflanzen
   - IST Buddelbäume
   - WAR Schwimmbüsche

 **Sonne, Mond und Sterne**

3. Mars und Erde sind …
   - NUN gleich groß.
   - DAS Sterne.
   - TJE Planeten.

 **Drachen**

4. Heiligengeschichten heißen auch …
   - TZT Legenden.
   - EIN Märchen.
   - WER Sagen.

 **Mädchen und Jungen**

5. Erich Kästner schrieb …
   - EI Der 35. Mai.
   - DA Der 8. Oktober.
   - AM Der 17. Juni.

 **Strom überall**

6. Was war in Köln los?
   - AND Lasershow
   - NDE Stromausfall
   - UNG LAN-Party

 **Vom Leben der Wale**

7. Die Fluke ist die …
   - UTS Schwanzflosse.
   - UTP Brustflosse.
   - ATS Bauchflosse.

 **Schneller, weiter, höher**

8. Jabali nimmt Tabletten gegen …
   - TZ Akne.
   - CH Asthma.
   - CK Amnesie.

 **Eine Zeitung entsteht**

9. Falschmeldung in der Zeitung:
   - ST Gans
   - PR Ente
   - SP Schwan

 **Europa**

10. Das größte Land Europas ist …
    - OFI Russland.
    - AHR Deutschland.
    - EZI Spanien.

1 Trage die Lösungsbuchstaben hier der Reihe nach ein.

Lerninhalte

Kapitel	Lesen	Texte verfassen
Kinder dieser Welt	• Fragen beantworten: S. 5, 6 • Aussagen mit eigenen Worten wiedergeben: S. 7, 8	• Eine Geschichte zu Ende schreiben: S. 9 • Texte gemeinsam überarbeiten: S. 10
Im Wald	• Informationen zusammenfassen: S. 19, 20 • Textinhalte wiedergeben: S. 21, 22	• Texte anschaulich schreiben: S. 23 • Einen Limerick schreiben: S. 24
Sonne, Mond und Sterne	• Informationen zusammenfassen: S. 33, 34 • Informationen austauschen: S. 35, 36	• Einen Text planen: Wortmaterial sammeln: S. 37 • Zu einem Bild schreiben: S. 38
Drachen	• Fragen zu einem Text überlegen: S. 47, 48 • Eine Sage und eine Legende kennen lernen: S. 49, 50	• Eine Geschichte aufbauen: S. 51, 52
Mädchen und Jungen	• Texte bildlich umsetzen: S. 61, 62, 63 • Diagramme lesen: S. 64	• Einen Buchinhalt zusammenfassen: S. 65 • Einen Dialog schreiben: S. 66
Strom überall	• Zwischenüberschriften formulieren: S. 75, 76 • Einen Text in Handlung umsetzen: S. 77, 78	• Einen Cluster erstellen: S. 79 • Andere informieren: S. 80
Vom Leben der Wale	• Einen Text genau lesen: S. 89, 90, 91 • Meinungen entwickeln und vertreten: S. 92	• Wie ein Wal-Comic entsteht: S. 93 • Einen Text strukturiert schreiben: S. 94
Schneller, weiter, höher	• Zu Handlungen Stellung nehmen: S. 103–106	• Einen Bericht schreiben: S. 107, 108
Eine Zeitung entsteht	• Druckmedien kennen: S. 117, 118, 119, 120	• Texte für die Veröffentlichung vorbereiten: S. 122, 123
Europa	• Eine Karte lesen: S. 131, 132 • Gegenstände genau beschreiben: S. 133	• An Vorwissen anknüpfen: S. 134 • Informative Texte schreiben: S. 135, 136

Arbeitsordner
Sprache · Lesen
4

von Helge Daugs, Melanie Ferrarello, Gerlinde Freyer, Katja Gade, Martin Wörner

Redaktion:	Mirjam Löwen
Illustrationen:	Eva Czerwenka, Christian Jeremies, Fabian Jeremies, Tobias Krejtschi, Katrina Lange, Yo Rühmer, Vera Schmidt
Umschlagillustration:	Eva Czerwenka
Gesamtgestaltung:	Heike Börner
Gestaltung und technische Umsetzung:	tritopp, Berlin
Bildredaktion:	Dr. Andrea Bartels

Unter Beratung von:

Katharina Begovic (Nieder-Olm), Nadine Beilfuß (Wermelskirchen), Daniel Berensmann (Dortmund), Regina Drützler (Karlsruhe), Ute Höppner (Herten), Katrin Johannknecht (Bochum), Julia Misterek (Bassenheim), Marion Oeynhausen (Bad Driburg), Karen Schad (Werl), Anke Schmittinger (Reilingen), Roswitha Siekmann-Zegarek (Bad Oeynhausen), Nina Tholen (Oldenburg), Anja Vetter (Rülzheim)

Textquellen:
S. 5 Smith, David J./Armstrong, Sheilagh: Wenn die Welt ein Dorf wäre (Ausschnitt, gekürzt). Übersetzt von Hildegard Gärtner. Jungbrunnen-Verlag, Wien 2002; **S. 6** Korn, Wolfgang: Die Weltreise einer Fleeceweste: Eine kleine geschichte über die große Globalisierung (Ausschnitt, gekürzt). Bloomsbury, Berlin 2009; **S. 9** Schwarz, Annelies: Meine Oma lebt in Afrika (Ausschnitt, gekürzt). Beltz und Gelberg in der Verlagsgruppe Beltz, Weinheim und Basel, 6. Auflage 2002, 1. Auflage 1998; **S. 21/22** Rosenboom, Hilke: Der Sommer der dunklen Schatten (Ausschnitt, gekürzt). © Carlsen Verlag GmbH, Hamburg 2006, 1. Auflage 2004; **S. 23** Chapman, Linda/Weatherly, Lee: Schattenwald-Geheimnisse (Ausschnitt, gekürzt). In: Schattenwald-Geheimnisse. Wald der tausend Augen. Übersetzt von Bettina Spangler. cbj, München 2012; **S. 41** Grimm, Jakob und Wilhelm: Sterntaler (gekürzt). In: Die Kinder- und Hausmärchen der Brüder Grimm. Der Kinderbuchverlag, Berlin 2004; **S. 42** v. Bassewitz, Gerdt: Peterchens Mondfahrt (gekürzt). Bassermann Verlag, München 2007; **S. 47/48** Michels, Tilde: Kleiner König Kalle Wirsch (Ausschnitt, gekürzt). Deutscher Taschenbuch Verlag, München 1999. © KeRLE bei Herder, Freiburg, Wien 2010; **S. 49** Ossowski, Herbert: Wie Georg den Drachen besiegte und die Königstocher rettete (gekürzt). In: Legenden der Heiligen. Georg Bitter Verlag, Recklinghausen 1989; **S. 50** Wetzel, Manfred: Der Lindwurm im Ammertal (gekürzt). In: Vom Mummelsee zur Weibertreu. Die schönsten Sagen aus Baden-Württemberg. Theiss Verlag, Stuttgart 1988, **S. 44**; **S. 61/62** Gricksch, Gernot: Nicht drücken (Ausschnitt, gekürzt)! Dressler Verlag, Hamburg 2012; **S. 63** Kästner, Erich: Der 35. Mai oder Konrad reitet in die Südsee (Ausschnitt, gekürzt). Dressler Verlag, Hamburg 1975. © Atrium Verlag AG Zürich; **S. 103–106** Schlüter, Andreas/Margil, Irene: Die fünf Asse. Der veränderte Jabali. Durchsuchung (Ausschnitte, gekürzt, Überschriften teilweise hinzugefügt). Aus: Die fünf Asse. Ausreißer (Band 6). Deutscher Taschenbuch Verlag, München 2009; **S. 121** Salzwasser in der Ostsee (dpa). Nach: Der Tagesspiegel vom 28.09.2007. http://www.tagesspiegel.de/umwelt-delfine-in-der-ostsee/1056274.html; **S. 122** Salzwasser in der Ostsee (dpa). Nach: Der Tagesspiegel vom 28.09.2007. http://www.tagesspiegel.de/umwelt-delfine-in-der-ostsee/1056274.html; **S. 141** Seeed: Dickes B (Text, Ausschnitt). Text: Baigorry, Pierre/Bugnon, Jerome/Cordes, Tobias/Delle, Frank Alessa/Schlippenbach, Vincent Graf/Krajewski, Vincent/Kusserow, Rüdiger/Reibold, Thorsten/Schumacher, Moritz/Trowers, Alfred/Wendt, Nabe, Demba/Gutzmore, Tevon © Ed. Echobeachm./Monkeymoods Publ. Universal Music Publ. GmbH, Berlin Top Shotta Edition; **S. 148/149** Funke, Cornelia: Der Bücherfresser (Ausschnitt, gekürzt). In: Cornelia Funke erzählt von Bücherfressern, Dachbodengespenstern und anderen Helden. Loewe Verlag, Bindlach 2007; **S. 150** Ahlgrimm, Achim/Moritz, Silke. Oskar irrt umher (gekürzt). Aus: Abgefälscht und ausgetrickst. 40 Rätsel für Fußballfans. Deutscher Taschenbuch Verlag, München 2008; **S. 151** Maar, Paul: Ein Sams für Martin Taschenbier (Ausschnitt, gekürzt). Oetinger Verlag, Hamburg, 16. Auflage 1996; **S. 152** Linde, Gunnel: Mit Jasper im Gepäck (Ausschnitt, gekürzt). Übersetzt von Brigitta Kicherer. Gerstenberg Verlag, Hildesheim, 5. Auflage 2010; **S. 169/170** nach Tellegen, Toon: Ein Brief vom Elefanten an die Schnecke (Titel hinzugefügt, verändert). Ein Brief vom Eichhorn an die Ameise (Titel hinzugefügt, verändert). In: Briefe vom Eichhorn an die Ameise. Übersetzt von Mirjam Pressler. Hanser Verlag, München 2001

Bildquellen:
S. 5 Cover: David J. Smith und Shelagh Armstrong: Wenn die Welt ein Dorf wäre. Jungbrunnen-Verlag, Wien. 2002; **S. 6** Cover: Wolfgang Korn: Die Weltreise einer Fleeceweste. arsEdition GmbH, München. 2014; **S. 7** Fotolia/Sylvie Bouchard; **S. 8** Fotolia/creative studio; **S. 9** Cover: Annelies Schwarz: Meine Oma lebt in Afrika. Verlagsgruppe Beltz, Julius Beltz GmbH & Co. KG, Weinheim. 1998; **S. 11** 1, Daruma, Fotolia/momo528; 2, Daruma, Shutterstock/sopose; 3, Daruma, Fotolia/tiero; 4, Daruma, Fotolia/ODG; **S. 13** 1, Kapitol, Shutterstock/kropic1; 2, Kuschelente, Katja Gade, Hannover; **S. 17** Shutterstock/tomgigabite; **S. 19** Wildlife/D. Harms; **S. 28** Shutterstock/KOO; **S. 31** 1, Tannenzapfen mit Spindel und Schuppen, Wildlife/D. Harms; 2, Fichtenzapfen, Clip Dealer/Givaga; **S. 34** NASA/JPL-Caltech/MSSS; **S. 35** 1, Mauritius images/imagebroker/Sandra Schänzer; 2 NASA/JPL-Caltech/ESA/Harvard-Smithsonian CfA; **S. 39** NASA/JPL-Caltech/UCLA; **S. 40** NASA/JPL/University of Arizona; **S. 43** Fotolia/Arousa; **S. 45** NASA; **S. 50** Wappen Hattingen, mit freundlicher Genehmigung der Stadt Hattingen; Wappen Jena, mit freundlicher Genehmigung der Stadtverwaltung Jena; Wappen Schwarzenberg, mit freundlicher Genehmigung der Stadtverwaltung Schwarzenberg; **S. 53** 1, Brückenechse, Okapia KG/Hans Reinhard; 2, Kragenechse, picture alliance/Wildlife; **S. 63** 1–4, Illustrationen von Isabel Kreitz aus: Isabel Kreitz: Der 35. Mai – als Comic. Nach Erich Kästner. Dressler Verlag GmbH, Hamburg. 2006; **S. 65** Cover: Gernot Gricksch: Nicht drücken! Einbandillustration von Ulf K., Dressler Verlag GmbH, Verlagsgruppe Oetinger, Hamburg 2012; **S. 66** 1, Junge, Fotolia/valiza14; 2, Mädchen, Fotolia/valiza14; **S. 69** 1, Jugendfeuerwehr mit Mädchen, Mauritius images/imagebroker/ib; 2, Junge mit Feuerwehrhelm, Fotolia/Schulz-Design; **S. 80** 1, Offshore-Windpark, Shutterstock/Pics-xl; 2, Windmühle, Clip Dealer/Thomas Klee; **S. 81** Fotolia/Malena und Philipp K; **S. 85** Shutterstock/Nicku; **S. 90** Screenshot http://kids.greenpeace.org/taxonomy/term/30?type=knowledge&page=1, Zugriff 19.5.2014, Greenpeace e.V., Hamburg; **S. 91** Isabel Beasley, James Cook University, Townsville, Australia; **S. 92** Okapia KG/Francois Gohier; **S. 93** 1–3, Illustrationen von: Jens F. Ehrenreich aus Jónas Blondal von Jens F. Ehrenreich. Epsilon Verlag, Nordhastedt, 2004; **S. 94** Cover: Geolino Wale, Nr. 3 März 2010, GEOlino, Gruner+Jahr AG & Co KG, Hamburg; **S. 95** Corbis GmbH/Wayne Barrett & Anne MacKay/All Canada Photos/Corbis; **S. 98** Shutterstock/Shane Gross; **S. 99** Dolphin-Safe-LogoEarth Island Institute, Berkeley, California, USA; **S. 101** Corbis GmbH/© Solvin Zankl/Visuals Unlimited/Corbis; **S. 115** 1, Cheopspyramide, F1 online; 2, Straßburger Münster, Laif/Bertrand Rieger/hemis. fr/laif; 3, Eiffelturm, Fotolia/davis; 4, Burj Khalifa, Fotolia/The Photos; **S. 117** Kieler Zeitung, Verlags- und Druckerei KG GmbH & Co., Kiel; WAZ Westdeutsche Allgemeine, FUNKE Content Dienstleister GmbH, Essen; Lübecker Nachrichten, RSG Redaktions Service GmbH & Co. KG, Lübeck; **S. 118** NABU-Preis, Dino, NABU/Klemens Karkow; **S. 119** Geolino 9/2013, GEOlino, Gruner+Jahr AG & Co KG, Hamburg; „Dein Spiegel" 03/2014, Spiegel Verlag, Hamburg; ZEIT-Leo Titel „Erster!" Nr. 5/2013 Titelfoto von Enver Hirsch. Zeitverlag Gerd Bucerius GmbH & Co. KG, Hamburg; **S. 121** Fotolia/Lionello Rovati; **S. 122** Mauritius images/imagebroker/Volker Lautenbach; **S. 123** 1, Büro, Shutterstock/Monkey Business Images; 2, Logo dpa, dpa Deutsche Presse-Agentur GmbH, Hamburg; **S. 129** Interfoto/Bildarchiv Hausmann; **S. 131** Cornelsen Schulverlage; **S. 132** Cornelsen Schulverlage; **S. 133** 1, Big Ben, Shutterstock/chrisdorney; 2, Schiefer Turm, Fotolia/axeldrosta; 3, Kölner Dom, Shutterstock/Noppasin; 4, Stefansdom, picture alliance/Artcolor; 5, Eiffelturm, Fotolia/davis; 6, Atomium, www.atomium.be, SABAM 2009 Frankinho; **S. 143** Deutscher Wetterdienst, Offenbach; **S. 145** DB, Hbf Köln; **S. 149** Cornelia Funke, Die Bücherfresser. Illustriert von Wilfried Gebhard © 1998 Loewe Verlag GmbH, Bindlach; **S. 153** 1, Mädchen in Schuluniform, Your photo today/A1 pix/superbild; 2, Junge in Schuluniform, Your photo today/A1 pix/superbild; **S. 161** Shutterstock/Anatoliy Kosolapov; **S. 171** Cover: Michael Ende: Der Wunschpunsch. Mit Illustrationen von Regina Kehn. Thienemann Verlag GmbH, Stuttgart 2007; Cover: Michael Ende: Jim Knopf und Lukas der Lokomotivführer. Mit Illustrationen von F. J. Tripp. Thienemann Verlag GmbH, Stuttgart 2006; **S. 175** 1, Brandenburger Tor, Shutterstock/elxeneize; 2, Eiffelturm, Fotolia/davis

www.cornelsen.de

Die Webseiten Dritter, deren Internetadressen in diesem Lehrwerk angegeben sind, wurden vor Drucklegung sorgfältig geprüft. Der Verlag übernimmt keine Gewähr für die Aktualität und den Inhalt dieser Seiten oder solcher, die mit ihnen verlinkt sind.

Alle Drucke dieser Auflage sind inhaltlich unverändert und können im Unterricht nebeneinander verwendet werden.

Druck: Salzland Druck, Staßfurt

1. Auflage, 6. Druck 2020

Arbeitsordner Sprache · Lesen 4	Arbeitsordner Sprache · Lesen 4 (Lösungen zum Download)
ISBN 978-3-06-083015-2	ISBN 978-3-06-083818-9

PEFC zertifiziert
Dieses Produkt stammt aus nachhaltig bewirtschafteten Wäldern und kontrollierten Quellen.
www.pefc.de

PEFC/04-31-2251